超级清单

从拖延到自律的实用技巧、表格与自我训练

Sorting Your List

曹刘阳 著

中国法制出版社
CHINA LEGAL PUBLISHING HOUSE

图书在版编目 (CIP) 数据

超级清单．从拖延到自律的实用技巧、表格与自我训练 / 曹刘阳著．—北京：中国法制出版社，2021.3（2025.4重印）

ISBN 978-7-5216-1586-9

Ⅰ．①超… Ⅱ．①曹… Ⅲ．①时间－管理－通俗读物
Ⅳ．① C935-49

中国版本图书馆 CIP 数据核字（2021）第 018234 号

策划编辑：杨　智（yangzhibnulaw@126.com）

责任编辑：周熔希　　封面设计：汪要军

超级清单．从拖延到自律的实用技巧、表格与自我训练

CHAOJI QINGDAN. CONG TUOYAN DAO ZILÜ DE SHIYONG JIQIAO、BIAOGE YU ZIWO XUNLIAN

著者 / 曹刘阳

经销 / 新华书店

印刷 / 北京虎彩文化传播有限公司

开本 / 880 毫米 ×1230 毫米　32 开　　印张 / 7.75　字数 / 151 千

版次 / 2021 年 3 月第 1 版　　2025 年 4 月第 6 次印刷

中国法制出版社出版

书号 ISBN 978-7-5216-1586-9　　定价：39.80 元

北京西单横二条 2 号　邮政编码 100031　　传真：010-66031119

网址：http://www.zgfzs.com　　**编辑部电话：010-66038703**

市场营销部电话：010-66033393　　**邮购部电话：010-66033288**

（如有印装质量问题，请与本社印务部联系调换。电话：010-66032926）

前 言

疫情太严重了，我需要提高抵抗力，可是出去跑步风险太大，还是在家健身吧。

家里空间太小了，难以活动，还是等疫情结束再去健身房吧……

不上班后作息时间都不规律了，夜里精神，白天迷糊。从明天开始我要早起，吃早饭，做运动。

夜深了，该睡觉了，可我不困啊，再刷一集网剧吧，夜里看最过瘾了。

终于困了，睡吧。不上班就没必要设闹铃了，心里想着明天早起就可以了。

睡醒了，哇！不用吃早餐了，改喝下午茶吧。

疫情结束了，终于可以上班了，很兴奋。可是，怎么这么多活儿啊？有点受不了，一件接着一件，根本忙不过来，还是先放一放吧。

不行了，这么多任务，连续一周通宵加班我也干不完啊，我又焦虑了……

严格来说，拖延症并不算一种心理疾病，然而它的危害却是极其深远的。

托马斯·C.科利做过一项研究，他花了5年的时间，跟踪研究了177位白手起家的百万富翁，观察他们的生活习惯，结果显示，这些人都没有拖延症。托马斯·C.科利认为：**“即使是最有才能的人，若是拖延的话，也无法成功。”**

当年颇负盛名的励志作家拿破仑·希尔也进行过相关研究，他的调研对象基数更大——500位富豪，结果显示，这些人都有迅速决策的习惯。

俗话说，效率决定价值，但无用的时间消耗毫无价值。我们以一个实际例子来分析，比如你一小时赚100元，一天8小时，共收入800元，而同样的工作，其他人收入800元则需要花费10个小时，一小时就只赚80元。简单对比，你会发现两者的工作效率相差很大，所体现出的价值也有差距。相较后者，前者便是精英，精英擅长高效工作，让每一秒的价值最大化。

也许你并不希望成为精英，只想做一个普通人。但人生是自己的，难道你不希望在有限的时间里尽可能多地体验生活的可能性吗？

人，贵在自律。一个自律性强的人，不会允许自己睡到10点多，因为晚起会让他们感到负罪感，感到生命被白白浪费。然而，懒惰是人类的天性，只有反抗惰性才能成为更优秀的少数人。

不可否认，这么做确实很难，但是只要掌握了正确的训练方法，就会让看似不可能的事情变得简单，这也是我们研发这一套表格训练法的初衷，我们将复杂的问题简单化，通过设置好的表格模板帮助你自行训练。你只需要根据实际情况填写计划，并按照计划一步步执行，你的时间就会被更好地利用起来，你的效率就可以提升10%—30%。

好了，开始训练吧。既然你买了这本书，就不要再浪费时间了，到底是否有效果，一试便知。

目 录

第一章　心理症结分析：你的心里，住着一个“积极废人”

第二章　屏蔽干扰：你知道无形中浪费了多少时间吗？

第五章 舒适区终结计划——是时候结束安逸的日子了

第六章 自我驱动：拖延症患者的自律计划

第七章 “杀死”拖延症的高效学习、工作与生活方法

第一章

心理症结分析：你的心里，住着一个“积极废人”

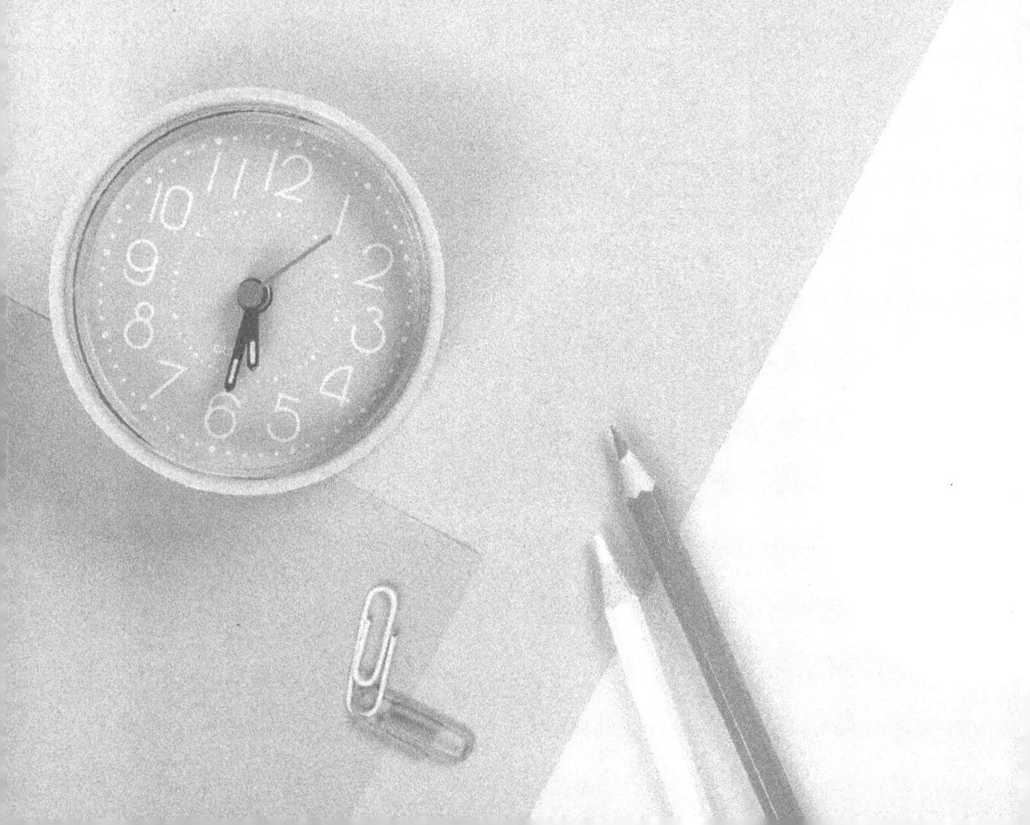

【测试】
嘿，你觉得自己的工作效率怎么样?

你是不是一个工作效率极高的人？如果你不确定，不妨通过自我测试进行自我剖析和认知。注意回答1—15题时，使用以下4种不同的选择进行判断：

A：总是这样（0分）

B：有时这样（2分）

C：很少这样（4分）

D：从不这样（6分）

现在请在纸上记录自己的答案并计算得分。

1.我的工作多而复杂，每天都有做不完的事情。

2.当我决定开始一项重要工作时，会发现还有很多其他棘手的工作要做。

3.我有一个精准的工作计划表，每天都会按照工作计划安排工作。

4. 我的工作计划在进行过程中，总是需要请求别人的帮助和协助。

5. 当计划方案在进行过程中遇到困难，我会感觉到疲倦，不知所措。

6. 工作方案和报告需要多次重复才能修改完成。

7. 当我明确了工作目标后，我会高效地完成工作。

8. 每天我都会有条不紊地完成既定目标的工作。

9. 我会将一项工作完成之后，再进行下一项工作。

10. 我觉得我做的工作都能达到标准。

11. 我总是临时“抱佛脚”，不到最后期限从不着急完成工作。

12. 今天的工作今天完成，很少留“尾巴”到第二天。

13. 对于复杂的、充满挑战的工作，我总是推迟到最后才着手。

14. 我试图解决每一项工作，其中包括那些我不熟悉的工作。

15. 我动作太缓慢了，总是遗忘很多事情。

自我测评得分结果分析：

1. 得分为0—36分——“积极废人”：表明自身的拖沓现象十分严重，在工作中经常出现半途而废的情况，同时也容易在工作中留下负面影响，甚至感到工作压力巨大，无法胜任目前的工作，工作效率低下。

2. 得分为37—52分——普通人：表明在工作中，有时候会出现拖沓的现象，对于困难性较大的工作多会出现拖沓的情况，自主工作能力较差，工作效率有待提高。

3.得分为53—90分——精英：工作效率较高，工作拖延现象很少出现，能够很好地安排自己的工作，清楚地知道自己工作的重心，讲究工作方法。

通过上面简单的自我测试，想必你对自己的工作状态已有了一定的了解和认知，下面我们要做的就是让自己尽快摆脱拖延的毛病，更加高效地完成自己的工作。

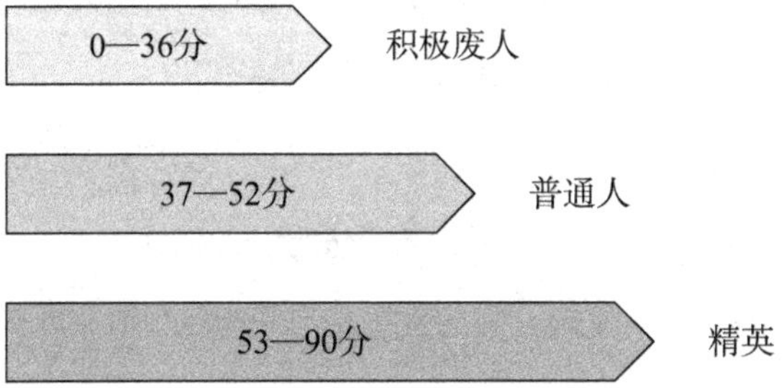

工作效率测试

1. 完美主义：高期望≠高效率

我们常说希望越大，失望越大。当你对某件事充满过高的期望时，你在行动过程中就会试图做到尽善尽美，而你的能力又有所欠缺时，你就会耗费更多的时间，从而导致拖延。

有一位心理学家做过一项实验，他找来了30名怀揣作家梦的文学系学生，并让他们在一天内开始着手进行一部自认为十分完美的小说创作。第二天，这位心理学家发现，30名学生中只有6名学生开了篇，其他24名学生迟迟没有开始创作，其中19名学生的理由是“自己的小说要十分出彩，所以要用更长的时间去构思和安排，不能草草下笔，更不能随便动笔”。而剩下5名学生的理由是不知道自己要写什么。

通过这个测试，心理学家发现越是想要创作出完美作品的学生越不容易动笔，甚至不知该如何下笔，因为无论是怎样的开端，他们都会觉得不够完美，这种“极致完美”的构思反而成为拖延动笔的理由，甚至导致永远不会开始创作。

如果你也是一位完美主义者，并且深受其扰，那么你需要尽快行动起来，改变拖延行为。首先，你需要设计一个最迟行动时间表。在这个表格中，你需要列出具体目标、如果不开始行动会导致的后果，以及最迟行动时间。

厌恶损失是人性的特点之一，当你看到完不成任务所造成的损失之后，就会加快行动的意愿。

最迟行动时间表		
最迟行动时间	目标	不行动的后果
10.1	准备策划方案，了解方案细节	影响下一步工作
10.7	根据前几天准备的资料，完成方案初稿	影响方案初稿的修改工作
10.9	完成对方案初稿的修改	影响方案的最终定稿
10.10	方案最终定稿	无法完成定稿，影响定稿方案会议的召开，不仅要被骂，还会扣奖金

有些时候，开始行动并不意味着高效率，过于盲目的行动同样会造成拖延。这时你需要明确任务框架，为自己制定一个任务框架表就显得十分重要。

任务框架表			
任务描述	重点要求	实施难度	既定完成日期
完成项目分析会的布置工作	1. 投影设备调试 2. 会场布置成课桌式	简单	在周一上午完成，下午一点开始会议

续表

任务框架表			
任务描述	重点要求	实施难度	既定完成日期
完成领导出行安排	1.车辆、司机安排 2.领导出行所带资料的准备	简单	在周一下午会议结束后，领导出行前30分钟完成
完成会议纪要整理工作	1.提炼领导工作要求重点 2.会议纪要分发到各部门	较难	周一下午开完会议后完成

自律技巧

1.“先开枪再瞄准”

先开枪，再瞄准，你很可能浪费了一颗子弹，然而如果你先瞄准再开枪，那么你损失的可能就是自己的命了。

行动起来永远是克服完美主义最有效的方法，当你想要写一本完美小说的时候，你可以先着手开始写，在写的过程中再追求完美。否则，再好的构思也只能存在于你的脑海中，说不定什么时候就忘了。

2.转变思维方式

很多完美主义者之所以无法高效地完成工作，是因为他们的思维模式：“我一定要……”“我必须做到……”然而，当没能够达到自我要求时，便开始自责、失望，甚至自我怀疑。

为了提高效率，你必须转换思维方式：

（1）将“我必须、我一定……”转换为“我选择、我想要……”；

（2）将“这个目标太难实现”转换为“我可以一步步完成”；

（3）将“今天必须完美地完成”转换为“我今天开始着手做”；

（4）将“我不能留有遗憾”转换成“我尽力而为就好”。

自我训练

你是否常常因为对某项工作过于重视，从而追求完美，导致工作效率低下呢？下面的一些表现，看你是否与其吻合。

1.接到工作任务后，开始出现焦虑情绪。

2.当领导找你单独布置任务后，你开始担心自己无法完成目标。

3.当你明确工作目标之后，你开始担心各个细节的工作不够完美。

4.与别人交谈关于你的工作表现时，你害怕别人指责你工作中的缺点。

5.在完成一项工作之后，重新回顾工作，发现到处是漏洞和缺陷，看不到任何优点。

6.对于一项工作，自己总是能够想出多种工作方法和实现方案，因此，不知道选择哪种方法和方案更好。

7. 对于别人给出的建议和意见，只要是正确的，你都想采纳，都想融入自己的工作中，不管对于实际工作而言是否需要。

8. 对于领导的话，你十分在意，以至于在工作中总是被那些话左右。

9. 不允许自己的工作出现任何失误，一旦失误你就会十分沮丧和失望，甚至放弃手中的工作。

10. 工作到一半时，想到更好的实施方法，会直接放弃现有的实施方法，重新开始。

如果以上10条，你“具备”了5条及以上，那么就说明你已经被“完美”拖累了。因此，你不妨根据自己的实际工作情况，填写表格，自我训练。

最迟行动时间表		
最迟行动时间	目标	不行动的后果

开始行动还不够，接下来你需要再填写一张《任务框架表》，将你的目标任务进一步细化：

任务框架表			
任务描述	重点要求	实施难度	既定完成日期

2.约拿情结：人不仅害怕失败，也害怕成功

没有人喜欢失败的感觉，因此，很多人会害怕失败，甚至在失败面前表现得十分被动。为了不失败，或者是少失败，有些人开始拒绝风险，在面对有挑战的任务时，没有努力就选择放弃。

害怕失败是人之常情，但是很多人也害怕成功，这就是所谓的“约拿情结”。关于什么是约拿情结，我们不妨先看一个实例，从中你会深有体会。

在德国，有一档名为《谁是未来的百万富翁》的智力游戏节目，这档节目因为其丰厚的奖金，吸引了很多观众参与，但是这个节目有一个特点，就是每答对一道题，都会获得相应的奖励，而如果继续答题的过程中出现失误，则之前的奖励也会被取消。因此，很少有人会拿到百万大奖。只有一个名叫克拉玛的年轻人，他是这档节目中第一个拿到百万大奖的参赛者，媒体对克拉玛得奖的评论是“他夺得大奖并不是因为他的学问，而是他的心理素质和野心。因为在获得50万欧元奖金之后的每一道题都是十分简单的，只要稍

微思索便可以回答出来”。

为什么那么多已经获得10万欧元奖金的参赛者，没有选择继续回答问题以获得更多的奖金？答案正是他们的“约拿情结”在作祟。“约拿情结”最早是由美国心理学家马斯洛提出来的，简单来说就是对成长产生恐惧，不仅害怕失败，对成功也产生畏惧的心理，这是一种自我逃避和畏惧的心理，这种情绪状态会导致我们不敢去做自己想要做且能做好的事情。

每个人都必须清楚自己内心的状态，要大胆地承认自身“约拿情结”的存在，在面对工作中的压力和困境时，要具有克服恐惧和害怕的勇气。

为此，我们设计了一些表格。

恐惧事项表，通过总结日常工作中的恐惧事项，有助于我们更好地了解自身的弱点，在遇到此类工作时，能够提前做好心理准备，避免无心理准备地应对。

恐惧事项表		
恐惧事项	恐惧点	恐惧程度
与领导单独谈话	不善于与领导交谈	一般
为从来没有接触过的新项目写方案	新事物，无经验	一般
与客户进行合同洽谈	无法掌握客户的心理	极度

当你通过恐惧事项表发现自己的问题之后，你需要再设计一张

战恐行动表，从而有的放矢，彻底解决自己的问题。你还需要预估自己的损失，人的天性是厌恶损失的，所以当你知道自己将付出的最大代价之后，你就会形成一个更清晰的认知与判断。之后，再列出解决方法，就会更容易面对自己感到恐惧的事项。

战恐行动表		
恐惧事项	损失预估	解决方法
与领导单独谈话	被领导质疑能力不行	提前掌握与领导交谈的内容，做好准备
为从来没有接触过的新项目写方案	方案太差，完全不可行	向其他有经验的同事请教相关项目的事项；借鉴其他项目方案的操作流程
与客户进行合同洽谈	谈判失败，给公司造成损失，奖金泡汤	了解合同内容；了解客户对于合同的不解之处与有异议之处；了解部门领导想要达成合同的底线条件

自律技巧

1. 把拖延的理由变为奖励

当我们想要拖延的时候，总会找出借口自我安慰，如最近工作太忙，睡眠不足，需要睡一会儿再工作。这时你可以这样想，坚持一下完成手头的工作，然后再奖励自己睡半个小时。

2.恐惧事项分解

很多人之所以感到恐惧，是因为任务太难，这时就可以用到分解法，如写一本书，乍看上去毫无头绪。你可以采用分解法，先构思，再做目录，然后根据目录一节一节开始写作。随着任务难度被分解，你的恐惧感也会相应降低。

自我训练

你是否也被“约拿情结”侵蚀了？先看看自己是否有以下几个方面的表现吧。

1. 害怕别人的掌声和赞美。

2. 不喜欢得到别人的重视。

3. 身边的人成功之后，你内心会妒忌，甚至心中有一种不希望他人成功的声音。

4. 在小阶段的目标成功之后，不敢再进一步。

5. 害怕现有的成功消失。

如果你有以上5个方面的表现，那就说明你内心害怕失败的同时也害怕成功。因此，要战胜“约拿情结”，不妨完成下面的恐惧事项表，了解自己心里到底害怕的是什么。

恐惧事项表		
恐惧事项	恐惧点	恐惧程度

完成恐惧事项表之后，再根据自身情况，制订相应的行动计划，解决具体的问题。

战恐行动表		
恐惧事项	损失预估	解决方法

3.“积极废人”：间歇性踌躇满志，持续性混吃等死

什么是“积极废人”？说的是那些总是积极地给自己设定目标的人，但是在行动上却永远做不到。这样的人可谓是思想上的积极者，行动上的无能者。这类人习惯在间歇性享乐之后陷入恐慌，并且开始自责，但过后却再一次陷入这种境地。

积极废人的状态如下：

早晨起来斗志昂扬，开始给自己设定一天的目标：完成某个策划案、完成某篇稿子、完成某个学习任务……

兴致勃勃地打开电脑：

看到一堆的策划案资料，内心发慌，无从下手；看到某篇稿子的主题，充满恐惧，决定先准备资料；看到某个学习任务，两眼无神，根本学不进去。

最后，看表，已经到了中午，自我安慰道：“吃完饭再开始工作吧。”

这是积极废人的典型例子，生活中这样的例子很多，归根结底

是懒惰心理在作祟。懒惰导致我们的计划变成了空想，懒惰导致我们的行动变得迟缓和拖沓。

那么，我们要如何克服懒惰心理呢？首先我们需要建立一个清晰的行动模式，在这里我们应该了解一下FBM模式，这个理论是由心理学家B.J.福格教授提出来的，他指出一个人的行为产生机制会包含三个方面的内容：即行为动机（Motivation）、行为能力（Ability）、触发机制（Triggers）。

通过FBM模式，我们可以了解到当我们缺乏足够的行为动机时，我们会对想要“做”的事情缺少行动的能力，再加上缺少触发机制，最终会出现拖延行为，形成懒惰的思想。既然我们了解了懒惰心理形成的过程和导致拖延行为出现的原因，那么究竟要如何来克服懒惰呢？

为此，你需要先找出自己的借口，正是这些借口导致你迟迟无法行动。我们设计了一张行动借口统计表：

行动借口统计表	
拖延事项	**借口**
每个月看一本书	加班频繁，下班回家太晚，无时间看书
每天下班回家后健身30分钟	下班回家后太累，根本没精力健身
上班后完成当天的工作	每天都会有临时突发情况，因此会给第二天的工作留尾巴
不乱发脾气，控制自己的情绪	脾气太坏，根本控制不住自己

统计之后，你可以看出自己日常生活中总是会在哪些事情上出现拖延，从而更加有目标地进行“整改”。

接下来，你需要建立高效的触发机制，因为缺少触发机制，即便你再有动力，也不会付诸行动。要建立触发机制，就要成功捕捉触发点，并要与我们的目标建立联系，不仅如此，还要具备相应的行动能力和动力。

我们不妨先通过一位作家建立的触发机制表来了解一下：

触发机制表		
目标	触发机制	结果
要完成一篇稿件	将自己关在一个封闭的没有网络、电视、手机的房间内，安静的环境让他避免了干扰和分心，能够专心投入稿件创作中	平时一天要完成的稿件，仅仅用了两个小时便高效完成了
要查阅大量的资料文献	为了避免自己被所需资料之外的内容干扰，他给自己设定时间，要求自己必须在一天的时间里了解相关的所有内容，并完成资料的书面整理	平时需要花费至少两天的时间来查找资料，这次一天之内就完成了目标

自律技巧

1.提高内在动机

首先，制造紧迫感，这是最有效的抵抗懒惰的方法之一，如果你内心紧迫需要达到某种要求，自然在行动上会更加高效。在制造紧迫感的时候，一定要给自己制定最后的完成期限，有了时间的限定，才能够达到高效运作的效果。

其次，看到好处，在我们要完成某项任务之前，要先看到完成这项任务会带来什么好处，这样做是为了让“好处”吸引自己去实现目标。

最后，为自己制定奖惩措施，鼓励自己完成目标，这样做能够帮助你去实现自己的既定目标，督促自己去积极付诸行动。

2.提高所需的能力

俗话说得好，“没有对比就没有伤害”。我们完全可以通过关注别人的进步，从而了解自身的不足，知晓与他人的差距，从而产生动力。你可以关注自己感兴趣的领域，让别人优越的表现来激励自己。同样，我们要培养自己具有某种能力，并不是一蹴而就的，而是需要由浅入深，逐渐升级。

自我训练

空有上进心，却懒得去行动，这就是“积极废人”的典型表现。为了避免我们成为积极废人，我们可以进行自我训练，在日常生活中，养成良好的做事习惯，避免拖沓现象的出现，从而实现自我设定的目标。

那么，我们不妨来填写一下行动借口统计表，了解自己通常会因为哪些事情而变得懒惰，会因为哪些事情让自己的目标变成空想。

行动借口统计表	
拖延事项	借口

当你统计完自己的借口事项后，问题就会一目了然。此时，你可以通过完成触发机制表来最大限度地触发自己的行动机制，让自己的行动变得更高效。

触发机制表		
目标	触发机制	结果

4.资源松懈：为什么总是习惯性懈怠？

在生活中，我们常说“书非借不能读”。意思是当你买了一本书之后，会觉得随时都可以读，反而失去了阅读的热情，甚至成为摆设。而借来的书，因为有时间的限定，所以会迫不及待地在归还日期到来之前读完。这就是我们所说的“资源懈怠”心理，这种心理的出现，会让我们产生习惯性的懈怠和拖延。

又如在生活中，“双十一”购物节，在大型的网上购物平台上，很多商家在11月11日当天会搞限时促销活动，此时的商品可能并不比平时便宜多少，但是人们都会尽量在这一天完成付款下单流程。而过了“双十一”这天，同样的价格，人们即便对商品十分喜欢，也可能迟迟不会下手，而商家如果在此时设定一个涨价的最终期限，那么热衷此款产品的消费者便会赶在商品涨价之前的两三天完成交易。这种现象正是资源懈怠心理的最好解释。

加州大学的Ayelet Gneezy教授指出“资源懈怠”的心理是“因为感觉资源充裕，所以习惯性懈怠。”他指出的“资源”，不仅包含实物，还包括“时间”，对此，他还与其他同人一道做了一项实验。

研究者发现，人们在完成一次景点参观或者是用掉一张已经抢到手的SPA券后，如果没有最后使用的期限，人们可能会延迟很久都不去兑现，而如果一旦设定了最后时间点，在临近到期的那些天，大家都会想尽办法去兑现。研究者在排除不喜欢旅游体验的人群之后，他们发现如果留有太长的时间，人们去参观景点的数量和频率也很低，因为大家会存在“反正有的是时间，迟早都会去玩儿”的时间富足心理。

既然了解了资源松懈会导致拖延的现象，那么我们需要如何克服呢?

首先，我们需要对自己手头上的资源进行合理规划，利用好各种资源，从而让自己的内心感到满足，这样做能够在帮助自己实现资料合理利用的同时，也让自己大胆付诸行动。因此，我们设计了一张资源规划表。

资源规划表	
资源	**计划消费**
一张火锅店199元套餐消费减免20元代金券（12月31日到期，节假日通用）	端午节带家人去火锅店就餐使用此优惠券
一张外卖满30元减2元优惠券（当月使用有效）	上班中午订餐，可使用此优惠券

续表

资源规划表	
资源	计划消费
一张连锁咖啡馆的5元代金券（当月使用有效）	与客户交谈，可在上班时间使用此优惠券
一张花店店庆免费领取多肉的优惠券，价值10元（限店庆当天使用）	1月1日店庆当天去领取，获得此优惠

之后，根据资源规划表，设定现有资源的消费日期，这样能够一目了然地看到自己因为哪些资源不消费会造成怎样的损失，利用人们厌恶损失的心理，逼迫自己行动起来。这时就需要制定一张资源消费表。

资源消费表		
资源	计划消费	未使用损失
一张火锅店199元套餐消费减免20元代金券（12月31日到期，节假日通用）	端午节使用， 带家人去火锅店就餐使用此优惠券	浪费20元优惠
一张外卖满30减2元优惠券（当月使用有效）	本周上班周五前使用， 中午订餐，可使用此优惠券	浪费2元优惠
一张连锁咖啡馆的5元代金券（当月使用有效）	当月上班时间， 与客户交谈，可使用此优惠券	浪费5元优惠
一张花店店庆免费领取多肉的优惠券，价值10元（限店庆当天使用）	1月1日店庆当天领取	浪费10元优惠
合计		37元优惠

自律技巧

1. 利用厌恶损失心理

强调资源浪费给自己造成的损失，不断放大，如你有一张1000元的美容卡即将过期，通过心理强化，不断告诉自己将会损失掉1000元。在生活中，你可以用1000元做很多事情，如吃一顿大餐、买一条不错的裙子，等等。你还可以暗示自己，赚1000元有多么难。通过这类心理暗示，逼迫自己行动起来。

2. 截止日期

当你拥有一项资源之后，习惯性设定deadline（截止日期），并定期提醒自己，如通过手机设定提醒。需要注意的是，不要因为过多提醒而影响你的注意力。同时，根据资源设定不同的提醒时间。以SPA券为例，提醒时间最好设定在每天工作结束之后，刚刚结束了一天忙碌的工作，这时刚好需要放松调理身体，这样一来，行动的意愿会更加强烈。

自我训练

在生活中或者工作中，你是否也经常会由于资源的富足而出现拖延的现象呢？此时，我们不妨自测一下吧。

1. 你有一张摄影馆免费拍摄一次的优惠券，没有时间限定。你已经一年没有使用此优惠券了。

2. 你在某个购物网站上有一张5元的优惠券，因为你是此购物网站的超级会员，每个月都会有4张无门槛优惠券。因此，这张5元优惠券还有2天就要到期了，你还是不着急使用。

3. 在某旅游出行网站上，你有一张20元无门槛代金券，领取已经两个月了，一直没有消费。

4. 购买了一本书，在买之前你十分期待，入手之后却只看了几页便放了起来，书上落满了灰尘。

5. 工作电脑页面比较乱，需要整理，因为这项工作不着急，计划了一个月，还是没有对页面进行整理。

如果在生活中，你存在上述事项，或者会出现类似的现象，你不妨填写一张资源规划表，看看自己拥有的资源状况。

资源规划表	
资源	计划消费

当你对自己拥有的资源进行了规划之后，你会发现可以节省的资源很多，同时也能够很好地避免拖延现象的产生。如果你通过资源规划表无法达到催促自我去完成某事项的目的，那不妨再填写一张资源消费表，催促自己尽快行动起来。

资源消费表		
资源	**计划消费**	**未使用损失**
合计		

第二章

屏蔽干扰：你知道无形中浪费了多少时间吗？

【测试】
你容易被外界干扰吗?

当你打算做一件事情的时候，是不是经常被外界的事情干扰呢？或者你是不是怀疑自己是ADD（注意力缺失症）患者呢？不妨借鉴下面的测试来自测一下吧。

1.当你计划开始一项工作后，是不是会三五分钟看一次手机，打开一次微信?

A.经常会　　B.从不会　　C.偶尔会　　D.从不

2.当你完成一项挑战性很强的工作后，是不是很难将结尾的细节问题处理好?

A.经常会　　B.从不会　　C.偶尔会　　D.从不

3.当你做一件事情的时候，是不是会分心去思考其他没有完成的事情?

A.经常会　　B.从不会　　C.偶尔会　　D.从不

4.当你需要完成一件比较复杂，需要精心计划的事情时，是不是很难有序地去完成？

A.经常会　B.从不会　C.偶尔会　D.从不

5.是否很难记住见过两三次的人的姓名？

A.经常会　B.从不会　C.偶尔会　D.从不

6.是否很难记住去过三四次的朋友家的楼层和门牌号？

A.经常会　B.从不会　C.偶尔会　D.从不

7.需要开始一项艰难工作时，是否会选择逃避，很难开始？

A.经常会　B.从不会　C.偶尔会　D.从不

8.需要坐着认真完成一项工作时，是否会手脚乱动，做一些小动作？

A.经常会　B.从不会　C.偶尔会　D.从不

9.在看书、看报纸、看电视的时候，会很难集中注意力，甚至看着看着大脑中就开始思考其他与所看事物无关的事情。

A.经常会　B.从不会　C.偶尔会　D.从不

10.当你在做一项事情时，半途突然发生了一件事情，处理完突发事件后，会忘记自己正在做的事情。

A.经常会　B.从不会　C.偶尔会　D.从不

以上10个问题，如果你选择A、B的选项超过7个，那么你很容易被外界干扰，做一些事情，经常会被其他的事情和外界因素所干扰，从而很难集中注意力。容易被外界干扰，这样便很难提升自己做事情的效率，甚至会降低自己的做事效率。因此，我们不妨学习一下如何屏蔽外界的干扰，让自己能够专心地完成工作或生活中的事情，成为一个高效做事的人。

1. 选择悖论：选择太多时，往往不会选择

你是否有这样的经历？

当你走进超市，本打算买一块儿香皂的时候，却被眼前各种各样、各种品牌的香皂搞得不知所措。本来只是一块儿帮助清洁皮肤的产品，却让你不知道要选择哪一款。本来打算两分钟搞定的事情，最终选来选去，可能花费了20分钟，最后也不知道究竟要选择哪款。

这种现象在生活中可能很常见，从心理学来讲，这种选择越多，越不知道如何选择的现象，就是一种被称作“选择悖论”的思维模式。即我们在做抉择的时候，选择的增多会让我们拥有更多的可能性，从而拥有更大的自由，然而，过多的选择会让我们感到不幸福、不满足，这样便增加了我们选择的心理压力。我们需要花费更多的时间去权衡、筛选，从而做出选择，这个过程反而让我们的选择失去了自由和轻松性。

美国心理学家曾经做过一项实验，并将实验的结论进行发表，

称人们无论在什么时候，都只能处理7项，加或者减2项信息。换句话说，即便可供选择的选项在不断增长，人们处理信息的能力却是不变的。如果选择过多，超过7项或9项，便会给我们增加心理负担，甚至会让我们不堪重负。

而在一项行为实验中，研究者发现超过15个选项，会被认为过多选择，影响选择的效率，而最高效的选择法则是“7±2高效选择法”，即处理7−2=5种选择或处理7+2=9种选择，这是一种最优的选择方法。

宝洁公司之前的洗发水品牌就超过了15个，有26个之多，后来他们发现销量并不理想，于是减少至15个，结果销售额大幅度增长，成本则减少了，利润空间也增大了。

无论在生活还是工作中，我们也完全可以利用“7±2高效选择法”对抗拖延症。当我们面对过多选择时，可以通过“7±2高效选择表”帮助自己进行筛选。

具体使用方法如下：列出目标事项，针对该目标按照“7±2高效选择法”设计选项并分析原因，如下表：

7±2高效选择表

事项	选项一	选项二	选项三	选项四	选项五	选项六	选项七	选项八	选项九	选择原因
周六上班选择的交通工具	坐地铁	坐公交	自驾	打的	拼车	搭顺风车				自驾（周六路上车相对要少）
请客吃饭的地点选择	客人喜好的地方	自己喜欢的地方	价格实惠的地方	方便出行的地方	有安静的就餐环境	尝试新的就餐地点	选择离家近的就餐地点			选择客人喜好的地方（客人喜欢最重要）
周末闲暇时间要做的事情	和朋友一起打球	去健身房健身	在家收拾家务	去朋友家做客	和家人一起去郊外游玩	带孩子参加辅导班	去看望年迈的老人	去图书馆查阅资料	去逛街，购买日常所需物品	去看望年迈的老人（因工作忙，已经有一个月没有去看望同城居住的老人了）
给孩子选择英语辅导班	线上的辅导机构	距离家近的辅导机构	距离家很远，但是口碑很好的辅导机构	孩子喜欢的辅导机构	收费较低的辅导机构					孩子喜欢的辅导机构（孩子感兴趣才愿意学习）

通过这个表格，我们可以很直接地看到自己想要表达的选项，也能够很直接地看出各个选项的优势和劣势，对我们在很短的时间内做出最优选择是十分有帮助的，同时也能够提升做事效率，避免出现拖延的现象。

如果是比较复杂的选择，还可以进一步设计一个“选项分析表”，针对某一个选项进行进一步分析，以“上班交通工具的选择”为例：

选项分析表		
事项	选项	分析
上班交通工具的选择	坐地铁	日常上班的首选，速度快，不堵车
	坐公交	上班时间充裕的情况下可以选择，还可以看风景
	自驾	周末加班时的选择，不堵车，自驾更省时省力
	打的	上班时间紧迫或有着急事项时的选择，缺点是贵
	如果顺路，搭朋友车	偶尔遇到着急的事情或者不便乘坐其他交通工具时，可以搭乘朋友的顺路车
	拼车	不想挤地铁，又想节约车费时的选择

选项分析表的作用是为了让你做出更精准的选择，从而节省时间。

在生活中，并不是可选的选项越多，我们越容易做出选择，相反，很多时候，当我们面临过多选项的时候，反而不知道要如何做出选择。这就是选择悖论的典型表现，而有些选项甚至会成为阻挠或者干扰我们进行选择的关键因素。

自律技巧

1. 做好心理预估，接受最坏的结果

选择困难，往往是担心结果不如自己的心理预期，可以采用心理预估的方法，想象最坏的结果，如果能够接受就行动，无法接受就放弃。

2. 选择内心最渴望的

当两个或多个选择各有利弊时，往往不容易做出选择，从而造成拖延。例如创业还是买房，创业可能会耽误买房的时机，但是也有可能改变命运，类似这种选择最难决策，这时就要选择心底最渴望的那个选项。

自我训练

在生活或工作中，你是否会因为一些事情出现了过多的选项，而不知道究竟要如何选择呢？比如，出现以下的情况，你要如何选择？

1. 要去探望朋友，去超市买礼品，到了超市面对琳琅满目的商

品，却不知道买什么才好。

2.周末打算带家人出去游玩，但是面对周边太多的游玩项目，不知道去哪里玩儿。

3.打算买一条裙子，面对一个款式的几种颜色，不知道买哪一种颜色的裙子。

4.在公司，中午打算点外卖，但是面对多种餐食，不知道点什么外卖。

5.打算请客户吃饭，却不知道在哪儿请客户吃饭比较合适。

6.想要买一本书，看到十几本同类型的书，最终也不知道要买哪一本。

7.去参加同学聚会，不知道要穿哪条裙子。

8.去看电影，看到热播的几部电影，不知道要选择看哪一部。

如果你会出现类似以上这些问题和疑惑，那么，你不妨完成7±2高效选择表，从而一目了然地看到自己想要选择的选项。

7±2高效选择表										
事项	选项一	选项二	选项三	选项四	选项五	选项六	选项七	选项八	选项九	选择原因

完成了以上表格之后，我们可以看到自己要面临的选项有多少。接下来，再对每个选项进行分析，从而了解每个选项在什么时候适合运用。

选项分析表		
事项	选项	分析

2.“721”信息理论：别让垃圾信息拖慢你的效率

每一位拖延症患者，都会受到垃圾信息的影响

在生活中，我们每个人每一天都会接触到大量的信息，多样化的信息能给我们带来丰富的感知体验，同时也会带来一些负面影响，比如，让我们无法专注地去完成某项事情。

你是否有这样的体验：

你打算去商场买一件外套，到了商场发现正在搞箱包促销活动，你加入其中，想要看看是否有合适的手提包，看了半个小时，发现搞活动的箱包并不是自己喜欢的款式。此时，又被销售人员推荐到非促销区域，经过销售人员推荐，你试背了几款箱包，发现价格太高，于是决定放弃购买。这个过程已经花费了你一个多小时的时间，你决定赶快去卖外套的区域逛逛，突然手机来了一条短信，内容为提醒你在二层母婴区域办理的会员卡积分将在月底清零，你决定先去进行积分兑换，上楼兑换完积分后，时间又过去了半个小时。最后，你已经没有心思再去买外套了，决定去超市买一些日用品，然后回家。

逛商场的初衷是为了购买外套，但是被箱包活动和手机短信所干扰，从而使你将精力全部放在了这些信息上面，最终导致自己想要办的事情没有办成。

在当今互联网时代，我们每天都会接触各种各样的信息，哪怕我们看一分钟的手机，都能够看到很多信息，不仅有我们迫切想要了解的信息，还有一些根本与我们无关的信息或者我们根本不感兴趣的信息。面对海量的信息，我们的大脑都要进行工作，都要进行过滤。要知道人类的脑容量是有限的，获取记忆信息的能力自然也不是无止境的，而要想具有强大的专注力，自然就要学会屏蔽大量的信息，这里要提到“721”理论。

这个理论指的是在生活中，我们所接收到的信息，有70%是无用的垃圾；20%的信息是有些许价值的，但经不起推敲和时间的考量；真正有营养的信息只占到了10%。从这个理论可以一目了然地看出来，我们日常真正接触到的有价值的信息是十分有限的。

人们只有学会屏蔽掉那些没有价值或者价值很小的信息，才能将更多的精力和时间花费在有价值的事情上，从而提升自己的做事效率。当然，并不是所有的人都具备屏蔽垃圾信息的能力。

因此，为了避免这样的事情再次出现，你要对自己要做的事情有所了解，比如可以给自己制定一些目标。如果其中一些目标并不是那么重要，而这些非必要目标又耗费了你大量的精力，那么你可以制定一个非必要目标删减表。

接下来我们以年度目标举例，列出你在今年打算完成的一些目标，然后仔细考虑，哪些是非必要目标。

非必要目标删减表	
年度目标项	删减后目标项
1. 每月看一本书	可删减
2. 减肥 10 斤	可删减
3. 每个月学习三道新菜	可删减
4. 每月往银行卡存 8000 元	1. 每月往银行卡存 8000 元
5. 学习中医知识	可删减
6. 学会婴儿推拿	可删减
7. 陪孩子学习钢琴	2. 陪孩子学习钢琴
8. 陪父母半年进行一次体检	3. 陪父母半年进行一次体检
9. 每个月写一篇感悟	可删减

通过上面的表格可以看出，原本订制的九项目标计划，经过有效删减，最终剩下最为重要的三项计划目标。自我设定非必要目标

删减表格之后，你还可以通过制定信息渠道筛选表来进行信息的筛选，筛选出精华的信息。

以看新闻为例，每天到公司之后，我都习惯浏览新闻，但是获取新闻的渠道太多，到底如何选择呢？通过信息渠道筛选表就会容易很多。

<table>
<tr><th colspan="2">信息渠道筛选表</th></tr>
<tr><th>接收新闻渠道</th><th>新闻渠道筛选</th></tr>
<tr><td>电视</td><td rowspan="3">网络</td></tr>
<tr><td>收音机</td></tr>
<tr><td>网络</td></tr>
<tr><td>腾讯新闻</td><td rowspan="3">新浪新闻</td></tr>
<tr><td>今日头条</td></tr>
<tr><td>新浪新闻</td></tr>
</table>

通过上表，我先分析了新闻的接收渠道，从电视、收音机与网络三个渠道中选择了网络，之后又从腾讯新闻、今日头条、新浪新闻三个平台中选择了新浪新闻。这样，每天我只需要打开固定的渠道获取新闻，节省了时间与精力。

自律技巧

1. 关闭90%的App通知

每当你下载一个App之后，就要养成关闭信息通知的习惯，否则你的手机每隔一会儿就会响一声，根本无法专注。找到通知管理，如下图所示，关掉手机中90%的App通知。例如，我只保留了支付宝、微信、工商银行这些App的通知，其他都关掉。

2. 常用社交、办公软件静音

大家工作都很忙，如微信、QQ、钉钉这类信息经常会跳出来骚扰你，这些虽然不是垃圾信息，但是也会影响你专注于某项工作，一律静音，不忙的时候看一眼，有事再处理。当然，每个人的工作性质不同，需自己把握。

自我训练

你可能会觉得自己的时间总是不够用，每天有做不完的事情，除了要工作，还要照顾家人，不仅要去购买日常用品，还要去拜访亲朋好友。你总是在忙忙碌碌中度过每一天，此时，你不妨反思一下，自己是否因为一些不重要的小事耽误了“正事”。

1. 你是否在去探望朋友的路上被一个花店的花朵吸引，在花店逗留了将近二十分钟。

2. 你是否在去买菜的时候，因为鸡蛋搞特价，你排队浪费了十分钟的时间。

3. 你是否在去工作的路上，被路边的歌舞表演吸引，而晚到公司五分钟。

如果你会出现以上类似的现象，那么你不妨通过制定非必要目标删减表来进行自我检讨和督促。

非必要目标删减表	
设定目标项	删减后目标项

在对必要的目标进行保留之后，你会认清楚自己最重要的目标事项是什么，此时要处理目标项，就要提升自己筛选信息的能力，此时，完全可以利用信息渠道筛选表。

信息渠道筛选表	

3.邮件处理：别把时间都浪费在回复邮件上

一项研究发现四分之三的员工都会在工作中分心，甚至超过10%的员工表示，他们工作时总是会分心。在生活中，你是不是会出现这样的现象：

你气定神闲地打开电脑，打算利用仅有的30分钟来看完两天的工作邮件，但是在你迅速打开邮箱之后，你发现自己邮箱中需要查看的邮件有很多，此时，你开始打开每一个邮件，然后被一些非目标性的邮件内容所吸引。

很快，30分钟过去了，你真正想要做的事情还没有做，而时间都花费在一些无关紧要甚至是消费性的邮件上。

很多人的邮箱中都会出现很多垃圾邮件，所谓垃圾邮件，指的就是对自己提高效率没有帮助的、具有干扰性的邮件。而我们需要做的就是避开垃圾邮件，迅速找到自己的目标性邮件，从而快速进行查看、处理。

英国一家金融管理服务公司，对2000人进行了一项调查，结果显示三分之一的人每天在工作中会有长达3个小时的分心状态。而一部分人因为垃圾邮件而分心所占用的时间也占了很大一部分。

为了避免干扰性的邮件降低我们的办事效率，你应该先对邮件进行分析，其实，通过对邮件的状态进行分析，你会发现邮件分为两类：第一类是单纯答复沟通状态；第二类是任务、方案处理状态。对于不同状态的邮件，其处理的方式也是有所不同的。

对于单纯答复沟通状态的邮件，其内容不同，处理方式也不同，如邀请信，你需要思考是否要赴约，是否需要答复。对于资料沟通邮件，你需要查看资料后，快速进行回复沟通。对于那些客户的问候信和企业推送的一些产品介绍资料，你可以选择性地进行处理回复，甚至直接删除。对于需要与上级、下级、同事进行沟通的邮件，你需要查看，并直接做出回复。

对于任务、方案处理状态的邮件，在处理过程中，你会发现，不能只是在邮件中解决问题，这些信件可能是上级交代的任务，也可能是需要处理的方案。比如，客户需要订购产品，此时，你需要做的不仅仅是一个回复，可能需要操作一些流程。再如受到邀请去进行讲座，虽然已经确认去参加讲座，但是一些课程和讲座流程需要和对方进行确认。对于这类邮件，你必然需要花费一些时间来处理，因此，你需要做到以下两点：第一，列出需要完成这些任务的信件清单；第二，将信件细节整合到方案流程中，从而让方案流程更加充实和顺畅。

当然，除了以上两个状态的邮件之外，你还可能会遇到一些其他的消费性邮件，比如产品介绍销售的推销邮件，这个时候你要先对邮件进行设定，对一些自己不感兴趣的邮件进行“屏蔽”“拉黑”，直接清理删除即可。

邮箱也具有拒收的功能，比如，你可以设定一下，对于那些推销类、广告类的邮件，直接拒收，或者是直接扔到垃圾箱中，这样批量删除，既能够提升自己的办事效率，同时也可防止被干扰和打扰。

你可能每天都需要做很多事情，邮件处理需要占据你一定的时间，因此，你不妨对处理邮件这项任务进行时间安排和调整。那么，你就需要设计一个邮件分类表。

邮件分类表		
邮件种类	轻重缓急情况	是否需要删除、回复
课程推荐与销售	轻	可删除
促销活动通知	轻	可删除
工作安排与通知	缓	不删除
领导任务安排	重	尽快回复
同事工作方案沟通	急	着重回复
某项大型活动的邀请函	缓	简单回复
某个客户的产品体验回馈	重	着重回复
朋友婚礼请柬邀约	缓	简单回复

根据邮件内容进行简单分类之后，你会发现有些邮件是根本不需要花费时间来查看的，直接删除即可，有些邮件是不需要花费太多时间或者不急于一时完成的。这样一来，在原本有限的时间内，只要处理着急的、重点的邮件即可，效率自然就提高了。

对于一些需要回复和处理的邮件，我们要对其进行时间安排；对于不用当天处理的邮件，你可以选择稍后处理，这样便能够将时间放在重点邮件的处理上。那么，你还需要设计一张邮件处理时间表。

邮件处理时间表		
邮件	**处理邮件时间**	**花费时间设定**
朋友婚礼请柬邀请	当天处理	2分钟
同事工作方案沟通	当天处理	20分钟
客户对产品的意见反馈	当天处理	10分钟
领导任务安排及方案反馈	当天处理	40分钟
同学聚会邀请	本周处理	2分钟
孩子秋季学校运动会邀请	本周处理	2分钟
合作商问候信件	本月处理	30秒
产品体验推荐	本月处理	1分钟

自律技巧

1.选择一款邮件客户端并按照用途分类

每个人可能都注册过很多邮箱，如QQ邮箱、126邮箱、139邮箱、gmail、Hotmail……太多了自己都记不住，你不可能每天上班挨个登陆一遍官方邮箱，所以下载一款邮箱客户端，关联到所有注册过的邮箱，统一接收邮件，这样就方便多了。

之后，邮件要按照用途分类。首先，工作邮箱永远是最重要的，添加到电脑和移动客户端，并根据需要设置提醒和推送，这些是真正需要及时处理的。其次，设置一个私人邮箱，并养成习惯，只有非工作时间才能看。

2.邮件4D处理原则

这是美国出版人Michael Hyatt首先提出的，4D即行动（Do）、转发（Delegate）、搁置（Defer）、删除（Delete）这四个动作涵盖了对任何一封邮件可能执行的动作。

【行动】

阅读邮件之后，你发现那些需要你处理的，并能在很短时间内完成的任务，就需要立刻付诸行动。例如，同事让你发一份资料，而你的电脑里正好存着备份，那么你就没理由拖延。

【转发】

如果你发现邮件中提到的工作可以转交给更适合的人，或者可以以更低成本完成的人，则要尽量将任务布置下去。例如，你收到邮件，朋友寄给你的礼物到了，那么你可以委托下属帮你去拿，不要犹豫，将邮件转发给下属，这样就节省了自己的时间。

【搁置】

当邮件中提到的工作必须由你来做，但显然无法在短时间内完成的情况下，把它们暂时搁置起来。搁置的目的是为了有效分清主次，随后根据主要性进行安排。

【删除】

删除已经处理完、没有用的邮件，这样会让收件箱更清爽。当你需要查阅之前的邮件时，也能够更轻松找到所需邮件。否则，当收件箱中躺着几千封无效邮件时，如果你不记得关键词，就需要一页一页翻看，那会浪费很多时间。

自我训练

你每天会花费多长时间来处理邮件？每个星期、每个月都会花费多久来处理邮件？ 1个小时、2个小时，还是更多的时间？

处理邮件的时间关乎整天的工作安排，对于以下情况，你是否也会经常出现呢。

1.你的邮箱每天都会有超过20条新邮件。

2.你在看邮件的时候会被一些垃圾邮件吸引。

3.你每天处理邮件需要消耗2个小时以上的时间。

4.你处理完邮件之后，发现超出了自己原定的时间计划。

5.你处理完邮件，花费了很多时间，发现实质性的信息并不多。

6. 每天要处理很多邮件，根本无从下手。

7. 总是被垃圾邮件干扰，根本没有时间处理重要的邮件。

如果出现以上7种情况或者其中的2种，表明你已经被一些邮件干扰了。此时，你需要做的就是通过表格的设置，提高自己处理邮件的效率，拒绝无效邮件信息的干扰。

邮件分类表		
邮件种类	轻重缓急情况	是否需要删除、回复

对于邮件分类表的设定，是为了让你能够对自己所收到的邮件进行有效的删减，并对需要做出处理的邮件进行分析，对于急迫的、重要的邮件，优先处理，对于不急迫、不太重要的邮件，延后处理。

之后，你还需要一份邮件处理时间表，这个表格的设定是为了让你利用有限的时间完成重要邮件的处理，并对邮件处理时间进行周规划、月规划。

邮件处理时间表		
邮件	处理邮件时间	花费时间设定

4. 多任务处理：你只是看上去很高效

在生活中，你是否会遇到这样的情景：你要一边炒菜，一边煲汤，甚至还要一边照顾年幼的孩子。你会一边听音乐，一边看书，甚至还会时不时看看手机。

如果你没有经历过这样的情景，那么在工作中，你的电脑屏幕上，是否同时打开了五六个网页、两个邮件、三份文档、两个PDF，甚至还有一个社交媒体网站。此时，你需要同时去操作四五项工作，甚至在自己做四五项工作的同时，还会有新的工作出现。你在电脑前已经忙碌了大半天，但是好像还没有彻底完成一件工作。

这种手忙脚乱的日子或状态，你是否经常经历？其实，这就是你让自己陷入了多任务处理的模式，这种状态不仅仅会出现在繁重的工作中，在生活中也是经常会出现的。一则报道称，99%的人会在一周某个时间段陷入两种信息媒介的使用状态，每天人们会有两小时的时间来陷入这种多重任务处理的状态。比如，你会一边打电话，一边看电视；你会一边拖地，一边听音乐。

在生活中，你或许会认为自己同时处理两件事情或多件事情，工作效率是最高的。其实不然，这样的做事效率反而不如专心完成一项工作之后，再进行另一项工作。因为当一个人顺利完成一项工作之后，我们内心的负担会减轻，在进行下一项任务时，更能集中精神和注意力。因此，多任务同时进行的办事风格并不是理想的高效办事方式。

在工作中也是如此，很多人误认为这种多任务处理的方式是最高效的，觉得可以利用这种方式来高效完成自己的工作。殊不知，在我们同时进行几项工作时，会发现自己并不能专心地去工作。反而思维的转换会花费更多的时间，这主要是受“注意力残留”的影响。研究人员经过实验发现，当人们将注意力从一项事情转移到另一项事情时，我们的部分意识仍然停留在前一项事项上，我们每次转移注意力，大脑都会提醒自己当初在做的事情，与此同时，大脑对新任务会产生微弱的干扰和抵触情绪，这就增加了大脑的认知负担。

当人们同时处理两件事情时，大脑的反应速度和精确度便会下降，因此，多任务处理看上去是高效的，其实并非如此。或许你会说，在生活中，很多时候我们必须学会多任务同时进行，因为突发事件很多，根本不可能只是单纯地去做一件事情。面对这样的事情，你就要做到集中注意力。所谓集中注意力便是为了在进行思维转换的时候，减少注意力残留，从而达到高效转换思维。

介绍一个单核工作事项管理表，亚当·斯密曾经讲过一个现象，一个工人负责某个产品的所有工序，其工作效率要远远低于这个工人负责单纯的一个环节。比如，让100个工人单独完成一项产品，这要比100个工人分工协作共同完成任务效率要低得多。

要制定单核工作事项管理表，就要了解清楚单核工作法。所谓单核工作法，是由史蒂夫·诺特伯格创立的，这套工作法的核心是创建快捷清单，即最多只存放五项当前最重要的任务，如果需要添加更多的任务，那么就要先完成之前的任务或者是删除之前的任务清单，重新设定任务。

你可能会说，五项工作的设定有些太少了，因为自己每天都会需要完成很多事情，每一件事情可能都必须要在当天完成。即便如此，你也要挑选出五项工作来进行安排，而挑选五项工作的方法，则是根据这些任务的轻、重、缓、急程度来进行选择。

单核工作事项管理表		
事项	时间限定	完成情况
送、接孩子上、下学	8:30、17:30	完成
按时上班	9:00	完成
完成销售方案提报	11:00	完成
完成方案分析会	15:00	完成
辅导孩子功课	21:00	完成

同一时间段可能会出现很多事项需要完成，此时，你需要通过规则进行事项的判断，从而对事项进行评估，判断哪个时间段最应该做什么事情。这就需要另一张表格——事项安排选后评估表。

事项安排选后评估表		
同一时间段出现的事项	**评估标准**	**选定结果**
完成A活动方案（全天）	A活动方案领导要求在当天出结果，因此这项工作为当天最重要的工作之一	因此项工作所需时间较长，并且上午时间紧张，故安排在下午操作
参加B活动方案分析会（9:00—10:00）	这项工作所占用时间为1小时，因B活动为自己主抓，所以必须要参加	必须按时参加次会议，9:00—10:00仅做这项工作
部门新招聘人员的复试（8:30—12:00随时）	部门招聘了新员工，需要自己去进行复试，但复试时间可以自己来定，但必须在今天完成	8:30—9:00来完成这项工作
C活动方案：与设计人员沟通方案设计（8:30—12:00随时）	设计人员已经将设计方案做了出来，需要进行细节沟通，沟通完成之后，才可以递交领导。设计人员只有在上午有时间	10:30—12:00来完成这项工作

自律技巧

1.根据每个人的能力，设定专注时间

每个人的专注力是不同的，相关研究表明，成年人的专注力往往在30—50分钟，根据自己的专注力设定时间，例如你只能专注30分钟，那么在这段时间内只做一件事，这样才能确保效率最大化。

2. 与手头工作无关的内容，全部从眼前消失

所谓眼不见心不烦，所有与你目前正在处理的任务没有关系的东西，全部收起来。桌子上空空荡荡，什么也不留；手机静音，放到看不见的地方……除了专注于目前的任务，你想不到要做其他的事情。

自我训练

人的大脑一次只能够高效地去处理一个任务，频繁地切换任务目标，不仅会消耗时间，还会消耗大脑的精力，如果我们的大脑切换到不熟悉的任务，所消耗的时间会更长。

你是否经常同时给自己安排好几项任务呢？

你是否会边看新闻边回复邮件？是否会边看手机边写文章？是否会边喝咖啡边看书，甚至还会一边听音乐？

如果你经常这样做，你会发现自己回复邮件的速度很慢，同时新闻看得也不够详细。手机玩儿得不尽兴，文章也写得不够好。咖啡没喝好，书没读懂，也不知道自己听了些什么音乐。

此时，你不妨通过下面的表格来提升自己的办事效率，让自己恢复单核工作，从而高效地完成一项又一项任务。

单核工作事项管理表		
事项	时间限定	完成情况

通过单核工作事项管理表的设定，能对自己究竟做了什么一目了然，更能准确地判断出哪些事情是最应该做的。

了解了自己需要做的事项后，我们还需要判断一下这些事项应该在什么时间做，从而让自己高效地完成每一项任务。此时就需要用到事项安排先后评估表。

事项安排先后评估表		
同一时间段出现的事项	评估标准	选定结果

通过事项安排先后评估表的设定，能让你自己了解什么事情应该先做，什么事情可以后做，错开任务高峰期，均匀“平铺”时间轴，让自己在有限的时间内完成多项工作。

5. 社交媒体上瘾：心瘾即心魔

在美国一个机构进行了调研，调研结果显示，一半以上的企业管理高层认为员工在职场上使用社交媒体是最为浪费时间的行为。调研设定的问题如下：

上班时间使用社交媒体并不是一件好的事情，原因是什么？

浪费工作时间（44%的人这样认为）

不专业的表现（35%的人这样认为）

对公司机密信息的发布（11%的人这样认为）

对公司进行负面信息传播（10%的人这样认为）

由此可见，社交媒体在一定程度上会对我们的工作和完成任务产生一些负面的影响。比如，当你想要去完成一项工作时，你习惯性地去看手机，去看自己的微信，反而会打断自己的工作思路，甚至导致自己分心，难以专注地工作。

美国的知名专栏作者Steve Pavlina曾经在一篇文章中写到他自己经常会打开手机，然后点开社交软件，而这种行为往往是无目的的，也并不是自己所需要的。你是否也有这样的经历？

有多少人成了手机的囚徒？

其实，这是一种上瘾的表现，也就是我们说的社交媒体上瘾。我们的大脑受到了反射性的影响，看到手机就会想到社交媒体软件，随时会激活这些神经。此时，你会发现，我们打开社交软件之后，看到的信息并不是我们想看的，也并不是我们所需要的。Steve Pavlina为了抑制自己的这种“瘾”，他清除了所有的社交账号，而对于我们来讲，清除所有的社交账号，不和任何人进行社交联系，这似乎是不现实的，也是不可能的。那么，我们究竟要如何来做呢？

Steve Pavlina给我们提出了一个好的建议，他建议我们能够在试用社交媒体时，暂停自己的思维，留意自己的行为，并反问自己这是自己所需要做的行为吗？从而意识到自己行为的错误，并刻意去摆脱这种错误行为，并花更多的时间在实际的人际社交活动中。

一个国际研究团队发现，社交媒体能够给使用者带来一种压力，这种压力反而会增加使用者对社交媒体上瘾的可能性，因为社交媒体的某些功能具有解压的功效。当人们在面对社交媒体的压力时，他们不是停止使用社交媒体，而是从社交媒体上的一个功能转移到另一个功能上，从而达到压力释放的目的。这种社交媒体既能引起压力，也能分散用户压力的注意力，便很容易让用户“上瘾”。

在使用社交媒体“上瘾”之后，你会发现自己做任何事情都离不开社交媒体，即便是要完成一件十分紧要的事情，自己还是会抽出时间来看社交媒体，这样的行为不但会分散做事情的注意力，还会让原本能够在一小时内完成的工作拖延更长的时间。因此，只有想方设法戒掉“心瘾”，才能够让自己的办事效率提高。

研究表明，很多人依赖社交媒体的原因是觉得社交媒体使用起来比较方便，因此，他们会花费更多的时间在社交媒体上。久而久之，他们会不自觉地“受限”于社交媒体，从而影响自己做事情的效率。

为了避免自己对社交媒体上瘾，你可以通过相应的表格进行自我控制。首先是制定社交媒体时间控制表，列出常用的社交媒体、阅读时间及目的。

社交媒体时间控制表		
阅读时间	社交媒体	目的
工作时间 每一个整点	微信/QQ	处理并回复信息
9:00—9:30 12:30—13:00 19:00—19:30	邮件	根据工作性质设定不同的邮件回复时间
21:00—22:00	知乎	学习

自律技巧

1. 无社交媒体日

这种方法很简单，给自己设定一天为无社交媒体接入日，比如每周设定周日为“无社交媒体日”。在这一天关掉自己的电脑和手机，关掉所有的社交媒体。让自己平静地度过这一天的美好时光。

2. 特定时间屏蔽法

社交媒体非常重要，彻底屏蔽不现实，但是你可以选择在固定的时间段进行屏蔽，例如找到一天中最高效的时间段，这段时间就可以设定为屏蔽社交媒体的时间段。

自我训练

你对社交媒体上瘾了吗？或许你根本没有意识到自己已经上瘾，那么不妨自测一下吧。

1.你每天会点亮手机25次以上；

2.你在做一件事情时，时不时会点开社交媒体，无意识地翻看别人的动态信息；

3.如果一天不让你带手机，你是不是会觉得没有安全感；

4.你看到一些社交信息后，会忘记自己既定的目标和工作；

5.在吃饭、聊天时，你会无目的地点亮手机，看社交媒体；

6.翻看与自己不相干的人的动态信息也会让你觉得压力减轻；

7.经常因为社交媒体打断自己的工作计划；

8.能通过虚拟社交媒体完成的事情，从来不愿意参与实际社交。

对于以上8点，如果你具备了其中的4点，那么你很可能就已经对现有的社交媒体“上瘾”了。此时，你要做的就是“戒瘾”。即制定社交媒体时间控制表。

社交媒体时间控制表		
阅读时间	社交媒体	目的

续表

社交媒体时间控制表		
阅读时间	社交媒体	目的

通过这个表格可以有效防止自己沉迷于某一款社交App，如果无法按照表格执行，那么还需要自行设计一些奖惩措施。总之，这一切都是辅助工具，只能起到自我监督的作用，落实还需要靠自己的意志力。

第三章

情绪不对？工作全废！

【测试】
你擅长管理情绪吗？

都说高情商的人不会乱发脾气，那么你的情绪管理能力怎么样呢？要知道，良好的情绪管理能力是高效工作的基础，接下来不妨通过下面的小测试，检验一下自己的情绪管理能力吧。

1. 我从来不向自己亲近的人乱发脾气。

A. 是　　B. 不一定　　C. 否

2. 对于自己的私人问题，我知道应该什么时候找人谈论更合适。

A. 是　　B. 偶尔是　　C. 不是

3. 面对困难，我总是能够保持清晰的思路，从而很少陷入焦虑。

A. 是　　B. 偶尔是　　C. 不是

4. 想到未来，经常会感到焦虑。

A. 是　　B. 偶尔是　　C. 不是

5. 我能够很好地读懂别人的肢体语言。

A. 是　　B. 偶尔是　　C. 不是

6. 我能够看懂别人的微表情。

A. 是　　B. 偶尔是　　C. 不是

7. 心情好的时候，我感觉很有动力。

A. 是　　B. 偶尔是　　C. 不是

8. 我会尽量表现得好一些，从而给别人留下好的印象。

A. 是　　B. 偶尔是　　C. 不是

9. 在遇到困难时，即便想到自己可能会面临失败，也不会心生胆怯。

A. 是　　B. 偶尔是　　C. 不是

10. 我能够通过别人说话的预期判断对方的情绪。

A. 是　　B. 偶尔是　　C. 不是

11. 我很容易理解别人的想法和感受。

A. 是　　B. 偶尔是　　C. 不是

12. 只要看一眼对方，我便知道对方的情绪是好是坏。

A. 是　　B. 偶尔是　　C. 不是

13. 气候的变化不会影响我的心情。

A. 是　　B. 偶尔是　　C. 不是

14. 别人的心情和遭遇不会影响我的心情和选择。

A. 是　　B. 偶尔是　　C. 不是

15. 我不会因为流言蜚语而生气或沮丧。

A. 是　　B. 偶尔是　　C. 不是

以上15道题，如果你选择A答案超过或者等于10道题，那么很“幸运”，你是一个善于管理自己情绪的人，并且也是一个情商较高的人。相反，如果你的选项多是C或者B，A在你的答案中只有两三个，那么你可能是一个不善于管控自我情绪的人。

1. 掌控情绪的人，效率都不会太低

心理学家曾经做过一个实验：

他们对两只狗进行电击，A狗鼻子前面有一个开关，只要轻轻地触碰，就能停止电击。B狗鼻子前面也有一个开关，但是没有停止的作用。在电击的时候，A狗触碰了开关，显得相对轻松，而B狗则只能默默承受。

随后两只狗被放到了特制的狗笼子里，然后继续电击，而铁笼子里有一个自由出入的暗门，A狗被电击之后，它四处寻找逃脱的出口，而B狗则自暴自弃，默默地趴在地上，一动不动地承受着电击，甚至自由出入的暗门就在身旁，它也不愿意去尝试。

从心理学来讲，B狗的这种状态叫作习惯性无助感，这种无助感就是B狗的一种情绪。

情绪是十分其妙的，当情绪高涨时，做起事情来我们会信心百倍，也更能够提升自己的工作效率。如果遇到困难，情绪会变得低

落，甚至做起事情来会变得拖延和消极。此时，如果不能够很好地控制自己的情绪，那么我们便很容易出现拖延的情况。

从心理学来讲，造成我们情绪波动的因素有很多，而真正影响我们情绪、总是让情绪陷入低潮的是我们对所面临事物的控制权。如果当我们遭受不利因素却能够看到丝毫的操控权，那么我们便不会彻底放弃，甚至会更加有动力，就如同A狗那样，与环境抗衡。然而，如果我们看不到希望，彻底失去掌控权，那么便会陷入自暴自弃的状态。由此可见，掌控自己的情绪会影响办事效率以及对待事情的态度。

曾经有一段视频，在网上热传。一个小伙子骑车逆行被交警拦下，崩溃痛哭。

事情是这样的，一个小伙子骑自行车逆行，不料被交警拦下，开始的时候他还冷静地给女朋友打电话，可挂断电话之后，他情绪崩溃了，号啕大哭。

小伙子先是掏出钱包，然后又掏出自己的身份证，冲着交警说道："求求你们了，要罚款，我交钱，我认了，身份证也给你。"

说完之后，他自己跑向桥边，蹲在地上哭泣。边哭边说："我加班到十一二点，女朋友没带钥匙，又让我送钥匙，我压力太大了，所有人都在催我。"

小伙子情绪失控之后，不顾形象，当场哭泣，这是很多人难以理解的，有的人看了视频说遇到这种事情，至于哭吗？

其实，被交警拦下这件事情只不过是压垮小伙子情绪的最后一根稻草，事后，他说自己控制情绪的能力太弱，不懂得合理释放压力。

在生活中，这样的事情很多，每个人都会面临来自生活或工作的压力，但是无论是哪种压力，都会影响我们的情绪，这个时候善于管控自己情绪的人会找到释放情绪的出口，将压力合理排解，而不懂得管控情绪的人则只会让自己变得压抑，从而影响办事节奏和效率。

为了能够管控自己的情绪，避免情绪变化对工作产生不良影响，我们不妨设计一张情绪记录表，目的是时刻了解自己的情绪变化。

情绪记录表			
日期	事件	情绪	后果
星期一	晨会工作任务安排，部门领导给你布置了本周要完成的工作，工作量很大	感觉压力很大，很多工作进行起来比较复杂和困难	整天情绪低落，想到繁重而艰难的工作，你工作起来很没底气和信心
星期二	与同事合作，产生分歧	同事不按照自己的建议进行合作，与同事有摩擦，交谈时情绪激动	与同事相处不够融洽，人际关系紧张，对后续工作造成一定影响
星期三	领导询问工作进展情况，督促工作尽快完成	被催促，心情紧张，感觉压力很大	一天都在紧张的工作，加班加点去实现目标

续表

情绪记录表			
日期	事件	情绪	后果
星期四	去见客户，客户对你的方案不满意，提出修改意见	心情低落，感觉要实现满足客户的需求是件十分困难的事情	不知所措，一天工作效率低下
星期五	周总结会议，领导询问工作最终进展情况，并批评你工作效率低	内心觉得委屈，感觉工作压力很大	工作没有如期完成，只能周末加班补救

通过这张表可以看出自己一周情绪的变化，在生活或工作中，自己因为哪些事情出现了情绪低落的情况；又是通过哪些事情，让自己的情绪变得亢奋。并能够清晰地看出，因为情绪掌控不当，从而造成自己工作效率低下。

除了运用情绪记录表，你还可以给自己设定一个情绪规律表，通过这个表格找出自己情绪的规律，即在不同情绪之下应该做什么，何时效率最高。

心理学家最擅长使用的方法就是对情绪进行追踪和反思，你可以每天选择一个固定的时间，记录自己当天的情绪突出变化，这样连续两周（具体事件根据个人情况设定），便能够找到自己的情绪变化规律，从而可以通过这个表格，了解自己在遇到什么事情之后，会出现情绪波动，在什么状态下能够让你的办事效率更高，或者说在什么时候会更觉得疲惫。

情绪规律表			
日期	情绪变化突出项	影响因素	办事效率
星期一	因周末休息，周一上班情绪轻松	一周上班第一天	较高，投入工作较快
星期二	下午与同事产生争执	受到客户批评的影响，情绪低落	效率低，不能很好地完成工作
星期三	受到领导的表扬，情绪高涨	上级的信任与赞扬	效率高，工作任务完成较好
星期四	客户对方案的支持和认同	来自客户的认可	效率高，能够更主动地去完成工作任务
星期五	公司召开生日会	场景温馨，场面轻松愉快	压力得到释放

通过这个表格，能够看出自己这周在领导和客户认可的时候，工作效率会提高，而在参加开心的活动之后，能够释放工作压力。

在我们认识到自己的情绪变化规律之后，我们需要做的就是管理自己的行为，对情绪进行管理和控制，这就需要我们制定一张情绪调控表。

情绪调控表		
常发生的情绪	调控措施	调控结果
遇事愤怒	在封闭的房间进行静思	能够给自己一个空间来分析自己产生愤怒情绪的原因
工作烦躁	出去散步，放松一下	缓解工作压力，让自己的心情得到放松

续表

情绪调控表		
常发生的情绪	调控措施	调控结果
与人不睦	找好朋友谈谈心	将自己的抱怨倾诉出来，从而缓解自己的不满情绪
伤心与失望	听听自己喜欢的歌曲或者看看自己喜欢的电影	转移自己的情绪，感受到美好与积极
兴奋与亢奋	进行复杂工作的安排	让自己更容易面对困难的工作任务

通过情绪调控表，能够让在情绪影响办事效率时，进行工作任务的转化，从而调节状态，即在合适的情绪中，做合适的事情。

自律技巧

1. 学会与各类情绪相处

心理学研究已经证实，大多数情绪都是在无意识状态下产生的，而当人们越是想要抑制某个想法，这个想法反而会更强烈地停留在脑海中。当你生气的时候，越是刻意压制，很可能越焦虑越烦躁。这时，最好的方法就是与情绪和谐相处。你可以按以下三步练习：

· 面对情绪；

· 冷静客观地看待问题，让自己从情绪中跳脱出来；

· 思考，通过自我分析逐渐调整心态。

2.情绪转念

当我们受到负面情绪影响时，必然会造成效率低下，这时就需要转变情绪，让自己重新振作起来。具体方法有很多，选择适合自己的，如听音乐、看电影、跑步、大哭一场……

自我训练

心理学家习惯将情绪与一个人的情商联系在一起，即你的情商高低，会影响到你的情绪管控，从而影响到你的工作效率。那么，你是一个善于管控自己情绪的人吗？你不妨自问一下。

1.在面对不公平待遇时，你是愤怒抱怨，还是平复心情，寻找证据，据理力争？

2.在兴奋的时候，你是兴奋到无法继续工作，还是将兴奋变为动力，高效进行下一项工作？

3.你在情绪低落时，是消极堕落，逃避任务，还是找到释放情绪的方式，转悲伤为动力？

4.你在被人无理指责时，是与人搏斗，还是理性应对？

5.你在被上级批评之后，是愤懑离去，还是坐下来认真思考自己的不足，从而改进工作？

如果以上5点，你选择了前者，那么你可能就需要学一学控制自己的情绪了，那么你不妨通过情绪记录表，来了解自己的情绪变化。

情绪记录表			
日期	事件	情绪	后果

在了解了自己情绪变化之后，要掌握情绪变化的规律，在不同的情绪下做不同的事情。

情绪规律表			
日期	情绪变化突出项	影响因素	办事效率

在了解了自己的情绪变化规律之后，可以通过情绪调控表对情绪进行调控，转换工作任务，达到提高工作效率的目的。

情绪调控表		
常发生的情绪	调控措施	调控结果

2.耶克斯-多德森定律：保持最佳焦虑水平，带动工作效率提升

心理学家研究发现，焦虑程度会影响一个人的办事效率。如果在一个企业中，员工经常分心或者过分焦虑，那么肯定会影响他们的工作状态和注意力。不过，在某些情况下，适当的焦虑却能够帮助员工集中注意力，不但能够进行行为控制，还能够提高效率和表现。

焦虑情绪是什么？焦虑是与所处环境不对称的痛苦情绪，典型的形式为没有确定的客观对象，从而总是提心吊胆，产生不安。

心理学家耶克斯、多德森经过多年的研究发现，各种活动都存在最佳的动机水平，在做某一件事情时，如果动机不足或者是过分强烈，都会使工作效率变得低下。不仅如此，他通过研究发现，动机发生的最佳水平会随着任务性质的不同而发生不同。在处理比较容易的任务时，工作效率会随着动机的提高水平上升，随着任务难度的增加，动机最佳水平也会呈现逐渐下降的趋势。换句话说，在人们面对比较难的任务时，具有较低的动机水平对任务的完成具有积极的作用，这就是著名的耶克斯-多德森定律。

耶克斯-多德森定律的提出给了人们一定的指导作用，即在工作中，如果在面对困难性较强的工作时，你产生了过分的焦虑，这样反而不利于你的工作进行，甚至因为过度焦虑而分心，从而影响到你的工作效率。而如果你产生的焦虑感很小，适度的焦虑能够让你更加投入工作，避免分心，从而工作效率反而会更高。

如果你是一个容易产生焦虑情绪的人，那么你就要学会对自己的焦虑情绪进行分析，这时就需要设计一张焦虑与效率分析表。

焦虑与效率分析表	
导致焦虑的因素	效率分析
领导安排了一项自己从未做过的工作	因为从未接触过此类工作，所以自己有些担心，害怕自己无法按照领导的要求完成工作。但又因为是新工作，自己还是充满了激情，十分兴奋
在进行新工作的过程中，遇到自己不懂的专业事项	因为自己非专业人员，对于工作中出现的问题，自己会产生焦虑，害怕处理不得当而影响到项目进程。另外，对于新的知识自己还是会主动学习，在了解之后会有成就感
在工作中，遭受到客户的批评和质疑	客户会对工作进程进行了解，会对工作进程进行指指点点，甚至还会对工作进行批评，催促工作进程。面对这种情况，会产生抵触情绪，甚至想要逃避这项工作，在平静之后，自己还是能够意识到问题所在，会提升自己的工作效率和工作质量，尽量满足客户的要求
在工作进行到最后时，遭到领导和客户的一致不满，甚至会遭到领导的严厉批评	此时压力巨大，内心焦虑，觉得无法胜任此项工作，会决定放弃，拖延工作进程，迟迟不愿意再投入工作中去

通过以上表格，可以发现一个人焦虑的程度与工作效率是相关联的，当出现适度焦虑时，更能激发其工作积极性。反之，如果焦虑过度，感觉到压力过大，不懂得排解焦虑的情绪，则很容易影响工作效率，甚至会影响到工作进程。此时，你可以通过制定快速缓解焦虑表来进行自我减压。

注意，一定要根据自身情况，选择适合自己的方法，这样才能达到最佳效果。

快速缓解焦虑表		
导致焦虑的因素	缓解方法	效果
针对具体问题导致的焦虑	寻找问题的解决方法，而不是逃避或转移	随着问题解决的进度，焦虑情绪逐渐减轻
情绪失控导致的焦虑	转念训练	效果一般，需要进一步练习
没有思路，难以集中注意力	散步 冥想练习	效果不错，能够激活发散思维
轻度焦虑	听音乐 看电影 阅读	效果不错
中度焦虑	30分钟高强度体育锻炼	短时间内能够很好地缓解焦虑情绪
重度焦虑	咨询心理医生	效果不明显，需要循序渐进

缓解焦虑的方法很多，需要根据自身情况具体分析，找到适合自己的方法。列出表格，之后出现此类问题时就可以有的放矢，避

免出现过度焦虑，从而影响工作进程和效率的现象出现。

自律技巧

1. 增强安全感

心理学家研究发现，大部分人会过分焦虑往往是因为安全感不够，总是担心一些不好的事情发生，从而导致过分焦虑，因此增强安全感十分重要。

2. 直面问题，解决问题

在我看来，解决焦虑困扰最有效的方式就是直面问题，从而解决问题。例如，下周的考试让你焦虑，那么你现在就要开始复习，当你感觉考试十拿九稳之后，焦虑情绪也就会随之消失。

自我训练

在做事情之前，你是否也会经常产生焦虑的情绪？你的焦虑情绪是否有助于你高效工作？如果你过度焦虑，究竟要如何来缓解焦虑情绪呢？

1. 你是否会因为焦虑和担忧而失眠？

2. 你是否会因为担心某项事情发生，而推迟某项工作吗？

3. 你在遇到困难时，是否会因为害怕无法克服而选择放弃？

以上3个问题是验证自己是否经常过度焦虑的好办法，如果你的答案都是“会”，那么，你不妨通过制定焦虑与效率分析表来分析自己焦虑与效率的关系。

焦虑与效率分析表	
导致焦虑的因素	效率分析

在分析了焦虑与效率之后，你需要在自己无法承受或者是过分焦虑的时候，想到快速缓解焦虑的对策。

快速缓解焦虑表		
导致焦虑的因素	缓解方法	效果

3.压力调节：消极情绪的合理发泄计划

荷兰心理学家经过研究发现，无论人们的文化背景是否存在差异，都能够明白哭泣、咆哮、沮丧所表达出来的消极情绪。当然，并不是每一个人都明白，如何来发泄消极情绪或者利用消极情绪。

在生活中，承受压力是作为现代人必须具备的素质，而压力往往是环境要求你做出选择和改变时的一种感受。

很多时候我们都会感觉到压力的存在，比如来自人际关系的压力，当你与领导、同事之间出现冲突，与单位之间出现纠纷等，都会让你产生消极情绪，从而产生一种压力。再比如，来自金钱的压力和来自工作的压力，只要你身处社会，都会产生压力。

有的人害怕承受压力，其实，压力在很多时候是可以给我们带来动力的，但是当一个人感觉自己承受的压力过大，甚至产生消极情绪的时候，便会影响到工作和生活。因此，如何缓解压力、发泄消极情绪，便成了关乎你高效工作的关键。

研究人员做过一项实验，他们给一名高中生布置作业，让这名高中生在一天内完成五套试题，这名高中生很认真、很专注地完成了五套试题。过了几天，研究人员又让这名高中生在一天内完成十套试题，高中生虽然有些沮丧，但还是很努力地完成了。又过了三天，研究人员让这名高中生在一天之内完成二十套试题，这名高中生表现出怎样的状态呢？他先是发呆，然后很沮丧地来回走动，偶尔坐下来做试题。这样一天下来，这位高中生竟然只做了两套试题。

当研究人员问他为什么没有完成二十套试题时，他回答说自己根本做不完，所以干脆不做了，但是一套题也不做，又会觉得很沮丧，便会产生纠结的情绪，这才出现了他只完成了两套试题的现象。

研究人员继续询问高中生："你有能力完成十套题，可为什么不尽力完成十套题呢？"高中生回答道："完成十套题有什么意义，反正是完不成任务，那就干脆少做一些好了。"

高中生这种情况便是自己所承受的压力过大，从而抑制了他提高做题效率的决心，也是消极情绪在作祟的结果。

那么，究竟要如何来缓解压力，发泄消极情绪呢？你不妨给自己制定一张消极情绪记录表，方便了解自己在什么情况下会产生消极情绪，会产生哪些消极情绪。

消极情绪记录表	
诱因	消极情绪
受到同事的误解，与同事发生口角	愤怒、委屈
老板怀疑自己在工作中公物私用	不被信任、被污蔑
身边挚友身患疾病	悲伤
要去面见重要的客户	紧张
遇到自己解决不了的困难	忧愁、焦虑、无助

通过此表，你可以很清楚地发现在自己遇到什么事情时，会产生哪些消极情绪。之后，你可以再设计一张情绪宣泄表，找到发泄情绪的方式。这样一来，再遇到类似问题时，就可以快速宣泄情绪，从而快速恢复状态。

情绪宣泄表	
消极情绪	宣泄与排解方式
沮丧	倾诉法。可以找到朋友，与朋友进行交流，得到朋友的开导，再聆听客户的建议。避免独处，沉浸在沮丧的情绪中
失败后的伤心与失落	自我鼓励法。用一些励志故事或者传奇故事来鼓励自己，为自己加油，从心底里让自己充满动力
愤懑、紧张	环境抑制法。环境对情绪会产生很大的影响，当你出现紧张情绪时，不妨去外面散散步、逛逛街，等等。通过接触外界欢乐轻松的环境来缓解自己紧张的情绪
焦躁不安、自卑	注意力转移法。这是一种心理上的调节方法，要将注意力转移到积极的方面，可以看看书、听听音乐，从而缓和自己焦躁的情绪

续表

情绪宣泄表	
消极情绪	宣泄与排解方式
委屈、痛苦	能量宣泄法。你可以通过跑步等方式，来让自己的身体得到运动，在运动中释放自己的不良情绪，并将不良情绪抛之脑后，这也是一种负面情绪的宣泄方式

在对不良情绪进行宣泄之后，我们能够感受到压力得到了释放，从而避免因为负面情绪影响工作的高效完成。

自律技巧

1. 立即行动

面对一件困难任务感受到压力之后，很容易拖延，这时没有什么好办法，立即行动。任务做得再差，也比永远不开始要强。

2. 转变关注焦点

压力大的时候，人们习惯关注于困难，越是强调困难，就越不容易开始任务。这时需要转变关注焦点，转移到“完成任务需要做什么”，然后着手准备，准备得越详细，就会发现难度在逐步降低，于是产生行动的意愿。

自我训练

在生活中，你是一个善于发泄负面情绪的人吗？面对生活和工作压力时，你又是如何来排解的呢？

1.情绪不佳时会将自己封闭起来，不想与人交流和沟通，甚至会保持沉默。

2.当自己沮丧时，会觉得工作很难继续进行。

3.当面对工作压力时，你会不想继续进行工作，想要逃避。

如果你出现了以上几种情况，那么不妨学一些排泄负面情绪的方法，让自己在最短的时间内吸收正能量，以最快的速度完成情绪的调整，从而实现高效工作。

消极情绪记录表	
诱因	消极情绪

在完成消极情绪记录表之后，你可以看到自己在面对哪些事情时，容易产生负面情绪，影响自己的工作进程。这时再对负面情绪

进行宣泄，设计一张情绪宣泄表。

情绪宣泄表	
消极情绪	宣泄与排解方式

4.停止自我否定：找到并认同你的位置

在生活中我们会经常看到这样的现象：

朋友A向你诉苦说道："我太笨了，上中学后成绩一直不好，大学考了个四流大学，工作也是一般的工作，收入更是少得可怜，长得也不出众，这样的我怎么可能有人喜欢呢？"

这样的朋友不在少数，他们最擅长的就是找自己身上的缺点。他们在遇到挑战性的工作时，内心会这样想：我也不想当领导，工作也不突出，经验也不丰富，挑战性这么强的工作，我做不好也是情有可原的。

于是，他们的工作状态很差，不能专心进行工作，甚至还会出现低效率工作，最终只能再次承受失败的打击。

在失败面前，他们会对自己说：我本来就不优秀，什么也不行，也没有优点，失败是再平常不过的事情。

这样的人在做任何事情之前，都会对自己先进行否定，即只看到自己的缺点，从自己身上找到的只有缺陷，根本看不到自己的优点所在。这样的人，总是被消极情绪包围着，无论是在工作中，还是在生活中，他们的办事效率都很低，他们只看重自己的缺点，但是又不接纳自己的优点，自卑到只能用失败来解释。

不难看出，一个极其容易自我否定的人在做事情的时候，是没有动力的。同样，要想改掉自我否定的习惯，就应该接纳自己的优点，发现自己的优势，找准自己的位置。换句话说，我们要知道自己是如何掉入“自我否定”的思维陷阱的。

德国心理学家埃克哈特·托利认为，人的思维会在大脑中创造“小我”，它不仅弱小、虚幻，还十分不真实，因此想要设法找到自我感，或者是通过贴负面标签的方式来寻求社会和外界的认同，从而沉浸在消极的情绪中。

有的人总是将“我智商低”“我不善于沟通”“我记忆力差”挂在嘴边，他们习惯将问题和自己联系起来，用问题来攻击自己，否定自己，因此负面情绪经常会笼罩他的内心。而这种否定自我的思维往往是思维上的认同，摆脱否定自己的恐惧，就需要我们从思维认同中解放出来，跳出思维陷阱，从而摆脱消极情绪，提升工作效率。

频繁自我否定是一种自卑的表现，同样自卑的情绪会阻碍探索生活的乐趣和工作的激情。我们要学会进行自我诊断，了解自己是否摆正自己的位置，是否懂得发现自身的优势。

心理学家认为自我否定往往依据经验来进行暗示，可能在之前的经历中有过失败，而再次遇到同类事情，便会出现消极的暗示，自己告诉自己“我不行”“我无法成功”等。这样的消极暗示无疑是在拖我们的后腿，会影响到我们的工作进程和效率。

如果你总是自我否定，可以通过消极暗示诊断表进行自我诊断。

消极暗示诊断表	
常见消极暗示	**消极暗示分析**
记忆力差	可能几次遗忘事情得出的经验，觉得自己记忆力差是常态
只会按照领导的要求工作，不会创新	心理对于创新没有追求，认为按照领导的要求工作就可以了
我不够优秀，很笨	没有拿得出手的突出的事项或业绩
我总是失败，这次也成功不了	之前经历过几次失败，深受打击，得出的结论
我不擅长和人交谈	不知道如何与陌生人进行沟通才能达到顺畅沟通的效果，自卑心在作怪
我长得不漂亮，自然不会有人喜欢	看不到喜欢自己的人的存在，不懂得欣赏自己的优点

在对消极暗示进行总结和分析之后，你会发现，很多时候我们的消极暗示都是基于过往的几次经验或教训，从而产生了自卑心理，最终才会自我否定，最终影响进取心和工作效率的提升。

为了改变这种状况，你需要一张个人优势分析表，目的是找出自己的优势，重建信心。

个人优势分析表	
消极暗示	**个人优势对比**
记忆力差	但是我在重大事项面前，从不出错
只会按照领导的要求工作，不会创新	我虽然创新能力不足，但我执行力很强，领导交办的事项，我能够很好地完成
我不够优秀，很笨	虽然我在工作中没有突出的优势，但是我十分勤奋
我总是失败，这次也成功不了	虽然我失败过无数次，但是我坚韧，懂得坚持
我不擅长和人交谈	虽然我不擅言谈，但我十分真诚，只要与我接触的人，我都真诚以待
我长得不漂亮，自然不会有人喜欢	虽然没有人主动说喜欢我，但是我热爱自然，热爱美好的事物

自律技巧

1.发现优势，自我激励

如果总是想着个人的劣势，只会让我们裹足不前。例如，你不会侧方停车，于是不愿意开车，这时你就需要寻找相关的优势，如你开车很稳，从不紧张，通过类似的自我激励，重新找到开车的乐趣，从而行动起来。

2.自我接纳：我不完美，谁又完美呢？

接纳不完美的自己，你可能真的很笨，但是你已经尽力了，所以又能怎样呢？生活还是要继续，这样想你就会重新行动起来。

自我训练

每个人都会有自我否定的时候，但这种状态不应该是你的常态。因此，我们不妨分析一下自我否定的表现。

1. 不能面对自己的不足，过分强求完美。

2. 关注点都放在自己的弱点上，看不到自己的优势，更容易感受到挫折。

3. 很喜欢承认错误，即便不是自己的错，但是为了“息事宁人”，也会承认错误。

4. 极度不自信，觉得自己毫无人生价值，对未来不抱有希望。

如果你具有以上4种表现，那么你可能就是一个容易自我否定的人，在这个过程中，你需要为自己制定消极暗示诊断表。

消极暗示诊断表	
常见消极暗示	消极暗示分析

通过这个表格，你可以了解到自己经常产生哪些消极暗示，再通过下面的个人优势分析表找出自身优势，进行相应弥补，从而避免出现消极情绪，影响工作效率。

个人优势分析表	
消极暗示	个人优势对比

5. 愤怒管理：别激动，小心冲昏头脑

你发怒的样子，是不是自己都感到后怕

愤怒本身是一种消极情绪，而愤怒是需要管理的，因为我们的生活并不都能够满足我们的需求，总会有些让人挫败甚至是想要爆发的瞬间。但是每个人都不想让自己的情绪被愤怒左右，因此，我们需要快速让自己冷静下来，避免激动过度，给工作或他人造成不利的影响。

亚里士多德说过这样的话："任何人都会生气，这没什么难的，但要能适时适所，以适当方式对适当的对象恰如其分地生气，可就难上加难。"可见，愤怒的人是需要管控自己的情绪的，这种情绪不仅会给愤怒者带来伤害，还会伤害他人。

每个人都会遇到一些让自己感到十分恼怒的事情，但是在很多时候，发火根本解决不了问题，甚至还会被看作"情商低"的表现。因此，寻找到平复心情的办法，不仅能够避免尴尬情景的出现，更能够让我们的工作变得更加顺畅。

有的心理学家认为，发泄心中的怒火能够在一定程度上帮助自己释放压力，但是大部分时候，愤怒所产生的伤害是巨大的。我们不妨制定一张愤怒损失表，看看自己会因为哪些事情发火，又会产生怎样的后果。

愤怒损失表	
引起愤怒的事项	愤怒的后果
在火车上有人抢了自己的座位，还拒绝让座	和对方发生口角，影响到其他乘客休息
在公司与同事出现意见不一致的情况	与同事进行争吵，在领导面前暴露了自己性格的弱点，给领导留下了不好的印象，同时，影响了工作效率。与同事之间的关系变得僵持，不利于之后的工作合作
孩子功课不努力，做作业不认真	冲孩子大喊大叫，还打了孩子。给孩子造成了心理伤害，并影响孩子当天的学习
买菜的时候，因为摊贩短斤少两	与摊贩发生口角，最后两人大打出手，惊动了当地的执法人员

通过对愤怒情绪的分析以及造成不良后果的总结，能够让你一目了然地看出来，情绪激动对工作和生活都是十分不利的。因此，当你发怒的时候，可以想方设法先让自己平静一下心情，从而想出更好的解决方法。

这时需要设计一张愤怒表达表，当你再次遇到类似事件的时候，知道应该如何更好地表达，才能降低愤怒程度。

愤怒表达表	
引起愤怒的事项	表达技巧
在火车上有人抢了自己的座位，还拒绝让座	向对方出示自己的车票，如对方依然拒绝让座，可以直接联系火车上的工作人员
在公司与同事出现意见不一致的情况	先耐心与对方进行沟通，如对方仍然坚持自己的意见，可以直接将事情报告给领导，让领导决定按照谁的方案进行
孩子功课不努力，做作业不认真	先认真辅导孩子功课，如孩子依然不认真做作业，可以进行适当的惩罚，让其认真思考
买菜的时候，因为摊贩短斤少两	先与摊贩进行沟通，如对方拒绝补够短缺的数量，可直接找到相关负责部门进行检举

如果按照上述的表达技巧处理之后，依然怒火难消，这时就需要结合前面讲过的情绪宣泄表，将自己的怒火合理发泄出去。

自律技巧

1.学会切换频道

心理学家研究发现，反思不安的情况会激起愤怒的情绪。比如你在公司，这一天的工作十分不顺畅，回到家中，再次回忆起公司发生的事情，便会陷入愤怒的状态。此时，不妨切换思考的频道，打扫打扫卫生，陪孩子玩耍，这样能够让你的大脑得到平静。

2.寻找心情平复的工具

如果我们感觉到压力太大，可能会导致情绪的爆发。类似情况，需要快速冷静下来，否则一旦陷入争执或是消极情绪，势必会影响效率。这时你需要寻找避免发怒的工具，如听音乐会让你迅速冷静，那么打开喜欢的音乐App，播放喜欢的音乐，从而快速缓解愤怒情绪。

自我训练

你是一个容易激动的人吗？在遇到事情的时候，你是不是容易激动，或者容易发怒？不妨自测一下吧。

1.遇到看不过眼的事情，会怒骂对方。

2. 在工作时，遇到不顺利的事情，回到家中，很容易发火。

3. 如果你的家人三番五次将袜子乱扔，你会直接与对方吵架、大吼。

4. 如果你的下属犯了错误，你会毫不留情地指出来，甚至会大声责备对方。

5. 你的上司用严厉的语言指责你，你会生气地进行反驳。

对于以上5点，如果你具备了其中3点，那么你可能是一个容易发火的人。在生活中，会有很多事情让我们感到心情不悦。此时，我们要学会平复心情，让自己尽量保持镇定的思绪，避免愤怒的爆发。

接下来，你需要自己填写一张愤怒损失表，清楚地看到愤怒所带来的不良后果。

愤怒损失表	
引起愤怒的事项	愤怒的后果

在了解愤怒会造成的不良后果之后，你需要找到更合理地表达

愤怒的方式，从而让自己可以在平静状态下处理任务，这样才能保证任务的高效完成。

愤怒表达表	
引起愤怒的事项	表达技巧

第四章

拖延是因为原动力缺失？用目标倒逼自己

【测试】
你是一个有目标的人吗？

你是否是一个有确定目标的人？如果你还不确定，不妨通过下面的测试进行自我剖析与认知。

1. 每天一睁开眼睛，你便知道自己今天要完成哪些事情。

A. 是　　　B. 偶尔是　　　C. 不是

2. 上班后，你能够清楚地知道自己今天的重点工作是什么。

A. 是　　　B. 偶尔是　　　C. 不是

3. 每个星期、每个月，你都会给自己制订计划和目标。

A. 是　　　B. 偶尔是　　　C. 不是

4. 对未来，你认真地思考，并制订了计划和目标。

A. 是　　　B. 偶尔是　　　C. 不是

5. 你有一年期的短期目标。

A. 是　　　B. 偶尔是　　　C. 不是

6. 你有十年期的长期目标。

A.是　　　　B.偶尔是　　　C.不是

7.你认为目标能够激励自己向前进，对自己有激励和督促作用。

A.是　　　　B.偶尔是　　　C.不是

8.你所制定的目标，能在规定的期限内完成。

A.是　　　　B.偶尔是　　　C.不是

9.无论目标是否切合实际，你都会为之付出努力。

A.是　　　　B.偶尔是　　　C.不是

10.你在达成目标的过程中，遇到困难，从来不会放弃。

A.是　　　　B.偶尔是　　　C.不是

11.对自己制订的计划，会根据环境变化，进行适当调整。

A.是　　　　B.偶尔是　　　C.不是

12.你不喜欢做的事情，只要是工作需要，你也会定位为自己奋斗的目标。

A.是　　　　B.偶尔是　　　C.不是

13.你有正确的人生观和价值观来支撑自己去完成人生目标。

A.是　　　　B.偶尔是　　　C.不是

14.你是一个有主见的人，制订计划时，不会受到他人的影响。

A.是　　　　B.偶尔是　　　C.不是

15.在完成目标的过程中，你不会出现拖沓的现象。

A.是　　　　B.偶尔是　　　C.不是

对于以上15个问题，如果你的选项中全部是A，那么毫无疑问，你肯定是一个具有人生目标的人，并且能够很好地按照自己的计划去实现目标，不会出现拖延的情况。如果你的选项中C占据一半以上，那么你可能处在“无目标”“无方向”的状态，在工作和生活中，都是一个过分随意的人，对自己的生活和工作没有统一的规划和计划。当然，选项B占据多数，说明你在某个时间段目标明确，但很多时候你不知道自己的目标是什么，不清楚自己工作的重点在哪里。

如果一个人不清楚自己的目标是什么，无论做什么事情都会显得毫无动力，表现出随心所欲的状态，这样不仅容易拖延时间，在工作中更是效率低下。因此，你需要为自己寻找目标，制订明确的计划，从而成为一个做事高效的人。

1.每一个目标都要匹配最优时间策略

俗话说得好，没有航行目标的船，任何方向的风都是逆风。一个没有目标的人，做什么事情都不会积极主动。很多人认为设定目标，就是找一些实现不了的梦想，这些梦想只可能是梦想，却无法实现。因此，在实现这些目标的过程中，他们没有详细的目标定义，这始终只是一个目标，根本没有相应的行动。

目标既不应该是假大空的梦想，也不应该是随意安排的事情。一个最优目标需要匹配最优时间，在恰当的时间完成恰当的事情，这样才能称得上高效完成目标。

研究人员曾经做过一项测试，他们在一家公司内，选择了两个人，A每天上班第一件事就是制订自己当天工作的计划，然后按照事情的重要程度来完成当天的工作。B则是等待领导安排工作，不会主动制订工作计划。

两天过去之后，A完成了自己制订的所有计划，而B对于领导安排的三项任务还没有完成。研究人员得出，计划性强的工作方式需要时间策略来做支撑，而无目标的工作往往缺乏动力，导致拖延现象产生。

为了能够在恰当的时间内完成既定目标，我们需要给自己设定一个完成目标的最优时间框架，按照时间框架有计划地执行。

首先，写出自己的目标清单。这份清单上的内容一定要是符合自己实际情况的，而不是假大空，也就是说，这不是一份梦想清单。根据自己的情况设计表格，你可以设计一张完整的表格，也可以针对每一项类别分类，例如分为学习类、工作类、休闲类，等等。

目标清单					
#	类别	目标	预计完成时间	实际完成时间	备注
1	学习计划	学习英文	每天		
2		了解财经知识	每天		
3		练习销售话术	每天		
4	工作任务	实现升职加薪	每年		
5		新开3个客户	每月		
6		写出一份策划方案	每周		
7	习惯养成	解决拖延恶习	每天		
8		晚上23:00之前睡觉	每天		
9		高效利用通勤时间	每天		
10	运动计划	晨跑	每天		
11		参加一次足球赛	每周		
12		健身30分钟	每天		

在每一项目标之后，列出预计完成目标的时间节点，同时根据自身执行情况，记录实际完成时间。之后，你需要再设计一个目标与时间框架表，这张表的目的是进一步细化完成目标的时间。

目标与时间框架表	
目标项	时间框架
每晚学习英文	每晚20:00背单词 每晚21:00练习听力 每晚22:00练习口语
每月新开3个客户	每周以新开一个客户作为目标 周三、周五拜访客户 其他空闲时间电话拜访
晨跑	每天早上6:00—6:30晨跑
……	

通过目标与时间框架表，我们可以将目标项进行细化，这样每一天固定时间做什么就会一目了然，有助于提高效率。

通过上述表格，已经可以很好地对抗拖延症，如果你已经完全可以按照计划执行，下一步还可以选择制定一张核心目标优化表，进一步优化时间。

核心目标优化表			
核心目标项	匹配时间	时间优化	效率提升
每月新开3个客户	每周以新开一个客户作为目标 周三、周五拜访客户 其他空闲时间电话拜访	每天上午电话邀约 每天下午拜访客户	新开客户数量增加20%

对于核心目标，完全可以进一步优化，从而提升工作效率。这样不仅不会拖延，还会让自己步入高效工作者的行列。

自律技巧

1. 任务设计秉承先易后难的原则

时间管理的基本原则是先做重要的事情，然而对于存在拖延症的人来说，如果直接处理重要工作反而会被耽搁，因为这类工作往往难度较大，畏难情绪反而会让他们停滞不前。所以，先从简单任务开始，如清理电脑桌面、整理文件等，这样做是为了能够更好地进入工作状态，为之后的工作做好铺垫。

2. 将困难任务细分

首先，你设定的目标一定要在能力范围之内，不要盲目。例如你目前的年薪是10万元，明年一定要赚300万元，这样的目标可能很难完成。如果你设定一个年赚20万元的目标，相当于翻了一倍，看起来也不简单，一时间不知道如何操作，这样也会造成拖延。

这时你就需要拆分目标，一年赚20万元，每个月只需要赚1.5万元就够了，这样一年是18万元，加上年终奖，完全能实现目标。

假设你之前的月薪是7500元，一年是9万元，加上年终奖刚好10万元。现在进行了目标拆分之后，每个月需要赚1.5万元，实际上还是一倍，但是数字缩小了，相对于20万元的年薪，拆分到每一个月的目标就会感觉轻松了，这样至少会促使你行动起来，而不是停滞不前。

自我训练

你是一个善于给自己设定目标，并找到最优完成时间的人吗？如果你不清楚，那么不妨问一问自己：

我每天完成的工作都是最为重要的工作吗？

除了重要的工作，次要工作我有没有时间完成？

我确定能在恰当的时间完成工作计划吗？

如果以上三个问题，你的回答是“不是”“不能”“不确定”，那么你需要先制作一张目标清单。

目标清单					
#	类别	目标	预计完成时间	实际完成时间	备注
1					
2					
3					
4					
5					
6					

接下来你需要制定一张目标与时间框架表，这个表格的制定，是为了让你清晰地意识到自己的目标与时间之间的关系，从而能够在合适的时间，完成合适的工作。

目标与时间框架表	
目标项	时间框架

到这一步拖延的问题就会得到缓解，你还可以设定一张核心目标优化表，进一步提升效率。

核心目标优化表			
核心目标项	匹配时间	时间优化	效率提升

2. 行为动机：最近梦想＝最强烈的动机

做任何事情都需要具有行为动机，行为动机往往是支撑自己前进或者去完成某项任务的动力。一些人缺乏行动力，主要是因为没有强烈的行为动机，那么什么才是我们行动的最强烈的动机呢？

心理学家B.J.福格是一位研究行为科学的教授，他曾经提出过一则理论，即FBM模型。

这个模型指出一个人的行为产生机制必然会包含三个方面的内容：

（1）行为动机（Motivation）

（2）行为能力（Ability）

（3）触发机制（Triggers）

通过他提出的这个理论，不难看出，一个人如果缺乏足够的行为动机，对于行动的事情也没有相应的实现能力，最终也无法产生触发机制。

那么怎样的动机才是最强烈的呢？恐怕这要数最近的梦想了，

所谓最近的梦想和愿望，指的就是最接近你要行动的目标的愿望。一个人想要晋升为部门经理，这是他的目标，而完成一项大的融资之后便能够晋升，那么完成大型融资这项工作就是他的愿望。因此，用最近的梦想和愿望来激励自己行动，实现目标，这是一种高效办事的体现。

为此，我们需要设计一张最近梦想清单。

最近梦想清单	
近期梦想/愿望/目标	所需时间
完成一篇3000字的文案创作	1天
拜访10位老客户	1周
跟上级进行一次方案深谈	2小时
与人事部总监进行交谈，商议涨薪事项	1小时
举办一次家宴，邀请亲戚参加	1天
参加同学聚会	1天

在每项目标确定之后，可以为自己寻找每项梦想对应的催化因素，从而督促自己去实现自己的梦想，从而避免出现拖延的情况。

行为动机催化表		
近期梦想/愿望/目标	催化因素	动机催化结果
减肥，现在130斤，本月减掉10斤	下个月结婚举办婚礼，减肥后穿婚纱好看	每天晚餐少食，每天慢跑一小时，室内运动一小时。最后，成功减肥10斤

续表

行为动机催化表		
近期梦想/愿望/目标	催化因素	动机催化结果
考取教师资格证	一家培训机构给出月薪8000元的工资，但需要有教师资格证	每天下班回家看相关书籍资料，并报考当年的教师资格证，最终，一次性考取教师资格证
每个月看一本书籍	去书店借书，一个月是归还最后时间点	一个月内完成书籍阅读
每天晚上十点半之前睡觉	晚睡皮肤会变差，第二天没有精神，无法投入工作，很容易在工作中犯错，最终影响自己在上级心目中的形象	能够在每天晚上十点上床，十点半之前进入梦乡
每月零花钱不超过2000元	身上只留下2000元，其他的现金存入银行	每月2000元都会有剩余

自律技巧

1.普雷马克原理的合理运用

什么是普雷马克原理？即一种帮助人们选择最有效强化物的方法，指的是用高频行为作为低频行为有效的强化物。这里的高频行为往往是喜欢的行为，而低频行为指的是不喜欢的行为。比如，你需要完成很多难度较大的工作，这是不喜欢的行为，但是你可以将自己喜欢的行为作为完成工作的强化物，如承诺在自己完成这些较难工作之后，允许自己看一场期待已久的电影，或者是做完工作之后来一场旅行，等等。

2.两分钟法则

所谓两分钟法则就是在做某项事情之前，先衡量这项工作所需要花费的时间，如果感觉两分钟之内能够完成，就中断计划去完成，相反，就将其推迟到计划完成之后再进行。这个原则能够有效地治疗拖延行为。比如当你想要去做一件事情的时候，发现这件事情很难完成，此时，你可以告诉自己先做两分钟，两分钟是一个小目标，两分钟是十分容易完成的，此时，你会发现两分钟结束之后，你开始了三分钟、四分钟……乃至更长的时间，最终完成了工作任务。

自我训练

在生活或工作中，你是否具有强有效的行动力？如果你在给自己制订了计划或目标之后，迟迟不愿意行动，那又要怎么办呢？如果你在执行计划过程中，遇到了困难，然后开始拖延行动，那么又要如何督促自己继续行动？此时，你不妨找到最近的梦想，督促自己去实现自己的目标。因此，先给自己制定一个最近梦想清单。

最近梦想清单	
近期梦想/愿望/目标	所需时间

制定了最近梦想清单之后，你会发现自己有很多想要完成的计划，为了提高行动意愿，你需要再制定一个行为动机催化表，从而达到督促自己去付诸行动的目的，避免自己出现拖延的情况。

行为动机催化表		
近期梦想/愿望/目标	催化因素	动机催化结果

3. 目标分解的三项基本原则与DOAM分解法

对目标进行有效分解，能够帮助你更好地去执行目标，减少大目标给内心带来的压力。而要想分解目标，就要遵守三项基本原则，在了解三项基本原则之前，现代管理之父彼得·德鲁克提出了目标管理的理论，运用这一理论能够进行自我控制，而不是由别人控制管理。

在目标分解过程中，需要了解目标计划三项基本原则：

（1）SMART原则。这一原则讲的是如何使员工更加明确高效地工作。

S代表具体，即将目标具体化，制订具体行动计划。要明白自己要做什么？什么时候做？如何去做？做到什么程度？行动后会产生怎样的影响？

M代表可衡量，即用什么标准来衡量我们的行为目标，如成本、时限、数量还是质量。

A代表一致性，与上级确认是否合适，与公司目标、部门目标、个人目标是否一致。

R代表现实的，即目标是否现实，是否具有挑战性。

T代表时限，即实现目标的期限，在实现目标的过程中，能达到怎样的控制点。

（2）方向统一原则。

在对总目标进行分解的过程中，一定要保证各个小目标与总目标的一致性。分目标不可偏离总目标的方向。

（3）进度统一原则。

要知道各个分解目标是相互联系的，而并不是孤立存在的，因此要保持同步进行，一步步靠近总目标。

在了解了目标分解的三项基本原则之后，我们更要明白进行目标分解的目的是什么，即通过阶段目标或分目标的完成，最终实现总目标的达成。

我们要对目标进行分解，便可以试用DOAM分解法，即逐级承接分解法。

D指的是行动方向。在实现目标之前，要知道自己下一级的行动方向是上一级的行动计划，同时要清晰地刻画出战略图和任务方向。

O指的是行动目标。下一级的目标要是上一级对应的行动计划的衡量标准。

A指的是行动计划。行动计划要具体化，同时行动计划不能重叠和冲突，找到侧重点，可以有所倾向。

M指的是衡量标准。要明确针对每项行动的具体的衡量标准是什么，要进行量化和考核，同时要细化管理。

利用DOAM分解法能够让我们了解自己不同阶段的目标是什么，同时也能够让我们找到不同阶段的重点行动方向是什么。如此一来，具体的行动目标会一项一项得到执行，最终总目标得以实现。

首先，在进行目标行动分解的过程中，我们可以制定SMART目标计划表，以此来尽量全面地展现自己的行动目标。

SMART目标计划表					
总目标	与A公司完成项目合作合同签订	预计达成时间	3月15日	实际达成时间	3月9日
行动计划	负责人	预计完成日期	实际完成日期	计划完成结果	衡量方式
与客户沟通	业务部负责人	3月1日	3月3日	初步沟通后，了解了客户的需求	沟通次数5次
设计部出简单的设计方案	设计部负责人	3月7日	3月6日	按照客户要求，初步设计方案成稿	客户要求项都在设计方案内包含
与客户沟通设计方案	业务部负责人	3月7日	3月8日	客户提出修改方案	与客户沟通2次
设计部根据客户反馈，修改方案	设计部负责人	3月10日	3月9日	客户对方案比较满意，成功签订合同	提前完成合同签订，与公司利益一致

在设定SMART目标计划表后，能够一目了然地看出为了实现总目标，对分目标进行计划，从而保证分目标的完成，最终实现总目标的达成。不仅明确了分目标的时间节点，也能够对总目标进行安排。

之后，还需要设计一张目标进度跟踪表，时刻了解目标进度，有助于降低拖延的概率。

目标进度跟踪表			
目标项	完成情况	预计完成日期	实际完成日期
制订布展方案	初步方案内容已经成型，但还没最终确定方案	一周之内	3天
与人事部沟通部门招聘计划	人员招聘计划已经提报，人事部开始对人员进行面试	10天	8天
陪客户对项目进行检验	客户巡检完成	3天	2天

通过进度跟踪表，能够对工作的进展情况一目了然，了解哪项工作出现了拖延，哪项工作在计划时限内已完成。

接下来，就需要利用DOAM法进行任务分解。

DOAM任务分解模板						
编号	行动方向	目标	行动计划	衡量标准	责任人	所需资源
1	完成每一项领导安排的工作	升职为部门总监	完成年度营业额	营业额总量	自己	公司车辆

续表

DOAM任务分解模板						
编号	行动方向	目标	行动计划	衡量标准	责任人	所需资源
2	提升自己的管理能力	升职为部门总监	完成行业知识自我提升学习	拿到管理类证书	自己	借助培训机构

在任务进行逐级分解之后，我们能够找到前进的方向，同时制订切实可行的计划，找到衡量行动的标准，并制定责任人和寻找需要借助的资源。最终，高效完成目标计划。

最后一个表就是目标执行反馈表，你需要对自己制定的目标进行跟踪，同时能够得到反馈，了解哪些目标已按照计划完成，哪些事项未能够按照计划完成，并找出没有按照计划完成目标的原因是什么。

目标执行反馈表					
主要计划与内容	期初计划		期末完成情况		
	完成时间	量化达成目标	完成时间	完成质量与效果	未完成任务的原因
升职为部门总监	12月1日	完成年度销售额	12月31日	完成既定计划的销售额，并超出计划销售额的5%	
升职为部门总监	11月11日	完成行业知识自我提升学习	12月31日	拿到管理类证书	

自律技巧

1. 设定弹性目标

所谓弹性目标，指的是为同一个目标设定多种应对方案，而这些方案同时都是服务于这个目标的。因为单一的行动方案容易让人感到枯燥，从而更容易放弃。举例来说，你需要写一篇文章，如果只设计了单一方案，例如A方案就是直接硬着头皮开始写，一旦遇到没有思路的情况就很容易放弃，至少会影响效率。

不妨多设计一些弹性目标，例如B方案——搜集资料；C方案——看看同类书。B和C都是为了完成写文章这个目标，当A方案执行不下去的时候，转向B、C方案，这样会起到转换思路、发散思维的目的，从而减少拖延的概率。

2. 结合自身的兴趣、优势设定目标

做事拖延，很可能是因为任务太难了，或者压根儿就不感兴趣，这时就需要根据自身的兴趣、优势设定目标。感兴趣的事、擅长的事，都不会拖延。

自我训练

你是一个善于分解目标的人吗？在面对总目标的时候，你能否

进行很好的目标分解，从而让自己在有限的时间内高效完成目标。如果你不确定，那么不妨制定SMART目标计划表和目标进度跟踪表，跟踪自己的计划和目标。同时，你也可以通过任务逐级分解表格的制定，来对任务进行分解，并通过目标执行反馈表来了解目标完成情况。

SMART目标计划表					
总目标		预计达成时间		实际达成时间	
行动计划	负责人	预计完成日期	实际完成日期	计划完成结果	衡量方式

目标进度跟踪表			
目标项	完成情况	预计完成日期	实际完成日期

DOAM任务分解模板						
编号	行动方向	目标	行动计划	衡量标准	责任人	所需资源

目标执行反馈表					
主要计划与内容	期初计划		期末完成情况		
	完成时间	量化达成目标	完成时间	完成质量与效果	未完成任务的原因

4.设置兜底任务——拼了也要做完！

什么是兜底任务？就是为自己设定一个不大的目标，然后要求自己无论如何都要完成。这个目标不宜太大，否则付出再多可能也不会完成。兜底任务最好是刚从舒适区出来，但也能够起到挑战自我的目的。

如果设置的兜底任务太大，比如我们给自己定了一个减肥计划，当月减掉10斤，于是每天刻苦锻炼，5天之后，发现自己仅仅减掉了一斤肉，自然会心灰意冷，甚至会选择放弃这个减肥的计划，转而走到饭店大吃一顿。其实，如果你给自己设定一个兜底任务，即当月减肥3斤，5天过后发现自己已经减掉了一斤，自然会信心百倍，从而更加努力地去做运动，去减肥，最终一个月过去后，发现自己减掉了7斤，内心定会充满了兴奋。

兜底任务的作用是给自己一个坚持下去的机会，尤其是对于难度大的任务，可能不是一时之间能够实现的，此时，要做的就是将眼前的小目标定为兜底项目，一个小目标一个小目标地去完成，最后，你会发现那个难度较大的大目标已经完成了。

初始目标的设定一般会选择相对容易的，即相对轻松便能够解决的。如果按照难易程度进行划分，设置兜底任务则是先选择容易的任务，当然，兜底任务是必须要完成的，目的就是让自己能够坚持下去。比如50相对轻松，80相对困难，那么你可以将60—65定为兜底目标，而在完成这个兜底目标的过程中，要付出全部精力，绝不可轻言放弃，一旦放弃兜底任务，则总目标势必完不成。

为此，你需要设计一张目标难度等级表，将所有目标按照难度分级。

目标难度等级表		
序号	任务	难易等级
1	整理电脑桌面，进行合理分类	四级（极其容易）
2	查看文献与相关资料	四级（极其容易）
3	整合资料，对有价值的资料进行整合分类	三级（容易）
4	撰写内容大纲	二级（较难）
5	根据材料，撰写正文	一级（难）
6	修正、修改全部内容，提升全部内容的难度和价值	特级（超难）

对任务目标难易程度进行等级划分之后，便可以一目了然地选出兜底目标。因此，我们可以继续制订每日目标兜底计划表、每周目标兜底计划表、每月目标兜底计划表，通过对每日、每周、每月兜底目标的总结和计划，能够让你很清楚地了解到自己的最终目标

是什么，同时也能够看出自己的兜底目标有哪些。当然，制订兜底目标计划的目的是提升自身的工作效率。

每日目标兜底计划表	
时间段	**兜底任务计划**
9:00—11:00	去图书馆查阅管理目标类的相关资料
13:00—15:00	在网上查找管理目标达成方法的资料
16:00—18:00	将资料进行整理整合

每周目标兜底计划表	
日期	**兜底任务计划**
第一周	完成素材、资料阅读、择选、整合
第二周	根据素材，对全文大纲进行拟定、修改
第三周	着手正文的撰写
第四周	对全文进行修改

每月目标兜底计划表	
日期	**兜底任务计划**
1月	思考关于管理目标相关的主题研究
2月	查阅关于目标类的资料，并拟定成文
3月	查阅关于管理类的相关资料
4月	对管理目标类文章进行总结和升华

自律技巧

1.饥饿法

你或许会发现，在吃饱喝足的时候会犯困，或者是犯懒。其实，在很多时候，我们所处的环境和状态过佳，更容易产生消极情绪，产生拖延。因此，不妨饿着自己，即自己觉得饿的时候，告诉自己只有完成任务，才能吃东西。抱着吃东西的欲望，你会发现自己更有动力，然后会高效地完成任务。

2.延迟奖励法

如果你完成了既定任务，可能会给自己一个小小的奖励，比如允许自己玩一会儿游戏、允许自己吃一顿大餐等。此时，你可以将奖励延迟，即不完成任务就不允许自己玩儿游戏、玩儿手机，不完成兜底任务就不允许自己享用美食。而这个时候，你会发现自己设定的奖励已经变成督促自己完成任务的动力，反而会更加迅速地完成任务。

自我训练

你是一个善于制订计划的人吗？对于自己将要完成的任务，你是否能够很好地开始？能不能坚持到底呢？你可以通过以下几个问题进行自我剖析。

1.制定的简单目标，自己还是会拖延完成。

2.对于一些难以处理的事情，自己不愿意开始，只想拖延，能拖到什么时候就是什么时候。

3.对于自己制订的目标计划，总是觉得很难完成。

4.在做事情之前，缺乏清晰的思路，根本无从下手。

5.制订了简单的计划，但是没有有效的督促手段，最终导致简单的事情也没有完成。

6.制订了每日、每周、每月计划，但是没有按照其执行。

7.在自己既定计划完成过程中，总是会找一些理由去放弃计划的实施。

对于以上7种现象，如果你发现经常会发生在自己身上，那么很抱歉，你需要给自己制订一个严厉的兜底计划。同时，在制订兜底计划之前，你需要给自己制定一个目标难度等级表，从而了解如何去完成自己的计划。

目标难度等级表		
序号	任务	难易等级

续表

目标难度等级表		
序号	任务	难易等级

目标难度等级表制定完了之后，可以将目标按照难易程度划分，循序渐进，从易到难，进行目标任务的安排。

每日目标兜底计划表	
时间段	兜底任务计划

每周目标兜底计划表	
日期	兜底任务计划
第一周	
第二周	
第三周	
第四周	

每月目标兜底计划表	
日期	兜底任务计划

5. 日事日清表
——为每一项任务设置截止日期与奖惩措施

前段时间，“996”工作制火了。本来这在IT圈是司空见惯的事情，没想到引发了全网大吐槽。比较有意思的是，这也带火了另一个词——“摸鱼”，年轻人积极分享上班摸鱼的经验，一天12个小时的在班时间中，刷网、聊天、娱乐的时间竟然高达4—6个小时。

普遍的摸鱼现象说明，一个人聚焦在工作上的精力和注意力是有限的，所以与其毫无效果地耗时间，不如想想怎样高效地利用正常上班的8个小时。这里有一个非常实用的工具推荐给大家——**日事日清表。制作日事日清表的目的是让我们每日的工作与生活变得目标化、数字化、简单化。**

什么是日事日清表？简单来说，就是对当日所有大小任务的安排计划和执行复盘表。

制作起来可以分为简单的三步：（1）正式工作前，对一天计划执行的所有任务按重要顺序进行罗列；（2）临下班前，检查和评估实际执行情况；（3）计划之外临时发生的事情，在结束一天工作后再进行补充。

下面是产品经理小王设计的一张日事日清表。

日事日清表（周一）			
序号	工作任务	完成百分比	备注
1	上午与设计师沟通关于A项目的设计方案，客户要求尽快拿出设计方案初稿	100%	
2	将设计方案初稿发与客户，并与客户沟通，了解客户对方案的反馈与意见	75%	设计方案发给客户，但客户需要内部沟通之后，再给反馈意见
3	面试一名项目经理，对方为内蒙古人，5年从业经验，善于与人沟通	未完成	面试完成，对方要求薪资过高，超出用人预算，暂时不考虑录用
4	开展部门会议，进行本周重点工作任务的分配与安排，对上周遗留工作项进行跟进完成	未完成	因临时增加接待到访客户事项，故未完成

上面这张表看似任务明确，完成情况清晰，但是试用过一段时间之后，小王发现它对自己的监督效果不佳，思想还是非常容易松懈。这是因为忽略了**两个关键因素的设定——时间设定与奖惩措施。时间不截止，等于无限期；计划无奖惩，等于没计划。**

反思之后，小王对表格做了如下优化。

<table>
<tr><th colspan="8">日事日清表（周一）</th></tr>
<tr><th></th><th>工作任务</th><th></th><th></th><th></th><th>工作进度</th><th></th><th>备注</th></tr>
<tr><td rowspan="4">本日计划完成事项</td><td>上午与设计师沟通关于A项目的设计方案，客户要求尽快拿出设计方案初稿</td><td rowspan="4">截止日期</td><td>当日完成</td><td rowspan="4">本日任务完成情况</td><td>与设计师沟通设计方案，并完成设计初稿</td><td rowspan="4">奖惩措施</td><td rowspan="4">按照截止日期完成工作项，完成一项 加“1”，未完成一项减“2”，每周对分数进行统计，完成项占比高于80%可奖励自己一顿大餐，低于80%则取消大餐奖励</td></tr>
<tr><td>将设计方案初稿发与客户，并与客户沟通，了解客户对方案的反馈与意见</td><td>周三前完成</td><td>将设计方案初稿发与客户，但客户需要内部沟通之后，再给反馈意见</td></tr>
<tr><td>开展部门会议，进行本周重点工作任务的分配与安排，对上周遗留工作项进行跟进完成</td><td>当日完成</td><td>因临时增加接待到访客户事项，故未完成</td></tr>
<tr><td>面试一名项目经理，对方为内蒙古人，5年从业经验，善于与人沟通</td><td>当日完成</td><td>面试完成，对方要求薪资过高，超出用人预算，暂时不考虑录用</td></tr>
</table>

与表①相比，很明显表②的任务重要次序一目了然，截止日期明确，奖惩制度清晰，能够起到更好的监督和激励作用。

自律技巧

1. 四象限法则

凡是写在日事日清表里的内容，除非遇到特殊情况，都是要求每天必须完成的。具体工作任务可以按照四象限法则排列（如下图所示）。

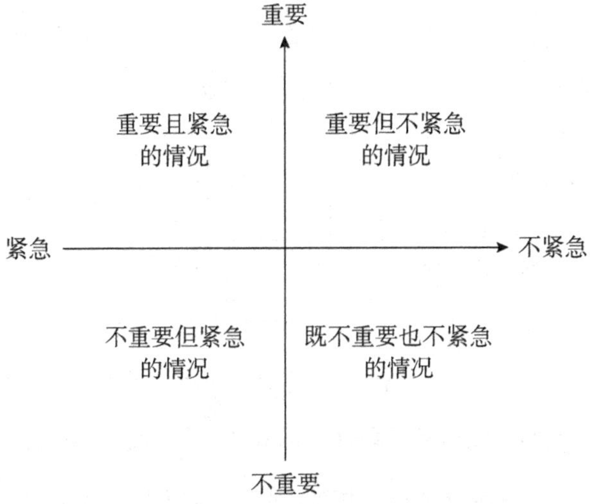

2. 自我激励法

制定任务完成奖惩措施就是为了达到自我激励的目的，而奖惩要根据具体情况而定，奖惩不可过于严苛，也不可过于松懈。

自我训练

为了提高工作效率，你需要设计一张日事日清表，将每天的任务填进去，从而逼迫自己行动起来。与上面讲的不同的是，我们的模板加入了四象限法则，可以更好地掌控工作进度。

<table>
<tr><th colspan="9">日事日清表</th></tr>
<tr><th></th><th colspan="2">工作任务</th><th></th><th></th><th></th><th>工作进度</th><th></th><th>备注</th></tr>
<tr><td rowspan="4">本日计划完成事项</td><td>重要且紧急</td><td></td><td rowspan="4">截止日期</td><td></td><td rowspan="4">本日任务完成情况</td><td></td><td rowspan="4">奖惩措施</td><td rowspan="4"></td></tr>
<tr><td>重要但不紧急</td><td></td><td></td><td></td></tr>
<tr><td>不重要但紧急</td><td></td><td></td><td></td></tr>
<tr><td>既不重要也不紧急</td><td></td><td></td><td></td></tr>
</table>

PS：最后强调一下的是：日事日清表不是目的，只是工具，为了帮助我们形成准确、高效、自律的工作习惯。刚开始会觉得有一点困难，一旦坚持下来，就能达到个人能力质的飞跃。

第五章

舒适区终结计划
——是时候结束安逸的日子了

【测试】你的懒惰指数有多高?

懒惰最直接的结果就是导致拖延现象的产生，想要改变拖延现象，就要清楚地知道自己到底有多懒。懒惰是行动力最大的阻碍，虽然我们不能说一个人懒惰就没有行动力，但是一个懒惰的人肯定在某些事情上会出现拖延。

想看看自己是否是懒惰症候者吗？不妨完成下面的测试题吧。

1.工作的时候，缺少积极性和动力，磨洋工成了常态。

A.是　　B.偶尔是　　C.不是

2.工作需要上级强迫或者监督才能完成。

A.是　　B.偶尔是　　C.不是

3.做事情的时候经常分心，闲聊、刷朋友圈、逛购物网站。

A.是　　B.偶尔是　　C.不是

4.工作很容易出错，业绩经常不达标。

A.是　　B.偶尔是　　C.不是

5.做事效率低，每天的工作都做不完。

A.是 B.偶尔是 C.不是

6.遇到棘手的事情，就想退缩或者逃避。

A.是 B.偶尔是 C.不是

7.总是有美好的计划和梦想，却很少付诸行动。

A.是 B.偶尔是 C.不是

8.需要坚持的事情，从来没有坚持去完成。

A.是 B.偶尔是 C.不是

9.生活习惯不规律，晚睡晚起是常态，上班总爱迟到。

A.是 B.偶尔是 C.不是

10.不知道自己的目标是什么。

A.是 B.偶尔是 C.不是

对于以上10道题，如果超过5道题，你的答案选择A，那么你的懒惰指数就已经很高了，此时，一定要引起重视。如果全部答案都是A，那么你已经形成拖延的现象，需要想办法克服懒惰的习惯，避免拖延的产生。

1. 重新定义周作息时间表：你的时间比想象的更多

每一项疾病的产生都会令人类产生恐惧，就拿癌症来讲，至今为止人类也没有找到彻底赶跑这一疾病的最佳办法。而在医学领域和生理学领域的研究始终没有停止过，这正是诺贝尔奖最为引人关注的两个部分。

关注诺贝尔奖的人都清楚，在生理学或医学奖方面，历年的研究成果有很多，比如青霉素、试管婴儿、生物钟等。这里我们应该重点了解一下生物钟，它是生物体内一种无形的时钟，也是生物体内在的节奏。

生物钟的研究发现，人体会随着时间借组，在不同时间点、日、周、年产生不同的周期性变化，同时也揭示了在不同的时间段做什么事情最为合适。人们可以按照生物钟来安排一天、一周、一月、一年的作息制度，这样做能够提高工作效率和学习成绩，从而减轻疲劳，预防疾病。比如在一天内最佳的睡眠时间是几点，最佳的进餐时间是什么时候等。反之，如果不按照体内生物钟的节奏来安排作息时间，人就会在身体上产生疲劳，影响工作效率，久而久之还会影响身体健康。

当我们了解了人体最佳的节奏规律，那么就可以按照生物钟来安排自己一天的作息时间表，甚至是一周的作息时间表，这样不仅能够提升办事效率，更重要的是能够节约更多时间，让你觉得时间是充裕的，而不是紧张不够用的。

相关领域研究者给出了一张一天的作息时间表：

7:00，最佳的起床时间。

07:20—08:00，最佳早餐进餐时间。

08:30—09:00，避免进行剧烈运动。

09:00—10:00，人脑最清晰的时间，适合做困难工作。

10:30，适当休息时间。

11:00，最佳的吃水果时机。

12:00—12:30，午餐时间。

13:00—14:00，午休时间。

14:00—16:00，午后大脑最清醒的时候，适合做创意性工作。

16:00，补充身体能量，可以进食一些食物。

16:00—18:00，身体状态都处在巅峰时刻，可以做细致性工作。

18:00—19:00，吃晚饭最佳时间。

19:30，运动时间。

20:30，看书、看电视、看手机，放松身心。

22:00，洗漱。

22:30，上床睡觉。

通过以上一天的时间作息表，不难看出人在不同时间段大脑和身体所处的状态是不同的，在最佳的状态做最适合的事情，是十分有必要的。

通过对人类生物钟的了解，你会发现自己的作息时间不规律，或者时间不随你所愿，这个时候就需要采取一定的方式来改变自己的作息时间和安排。最好的方式就是制定一张每周作息时间表。

每周作息时间表									
安排	星期一	星期二	星期三	星期四	星期五	星期六	星期日	时间	未完成原因
起床	×	×	×	×	×	×	×	6:30	早起赖床，导致晚起
洗漱	√	√	√	√	√	×	×	6:50	周末不上班，赖床
早餐	√	√	√	√	√	×	×	7:30	周末不上班，赖床
工作	√	√	×	√	√	×	×	9:00	文案未完成
午餐	√	√	√	√	√	√	√	12:00	
午休	√	√	√	×	√	×	×	12:30	周四中午玩游戏 周末在家看电视
工作	√	√	√	√	√	×	×	13:30	
下班	√	√	√	√	√	×	×	18:30	
晚餐	√	√	√	√	√	√	√	19:30	
运动	√	√	√	√	×	√	√	20:00	周五想放松，没有坚持跑步

续表

每周作息时间表									
安排	星期一	星期二	星期三	星期四	星期五	星期六	星期日	时间	未完成原因
学习	√	×	√	√	√	√	√	20:30	工作太累 学不进去
娱乐	√	√	√	√	√	√	√	21:00	
洗漱	√	√	√	√	√	√	√	22:00	
睡觉	√	√	√	√	√	√	√	22:30	
备注	做到打（√），没做到打（×）。								

通过每周作息时间表，能够很好地进行周时间安排，在适当的时候能够让我们完成合适的事情，并能够找到导致拖延的原因。

为了进一步提高效率，我们需要设定一个忙碌版的作息表，这个表格可以对照一周作息表的未完成项，设定督促的措施，目的是让自己完成作息计划，同时保证充沛的精力，避免出现拖延的现象。

我将其命名为高效版作息时间表。

高效版作息时间表		
时间	未完成项目	防拖延举措
星期一	早6:30起床—22:30睡觉	早起定闹铃、手机设定晚上自动关机
星期二	晚上20:00学习英文	自我奖励，例如学习一小时英文可以看一集网剧
星期三	文案未完成	设置截止日期
星期四	午休	提醒自己养成午休习惯，如果不睡觉下午思路混乱，难以集中精力
星期五	跑步	看看肚子的赘肉，提醒自己要持续减脂

自律技巧

1.循序渐进法

作息时间的养成不是一朝一夕的事情，必须循序渐进，如果你在之前一直都是零点才睡觉，而突然某一天想要在22:00睡觉，很可能睡不着。此时，你可以先将时间调整到23:00，然后再调整为22:30、22:00，只有通过循序渐进的方法，才能实现规范的作息时间。

2.为自己营造适合作息的环境

还是以睡觉为例，当你决定在22:00睡觉的时候，提前半小时就要停止做兴奋的事情，避免刺激大脑。你可以选择收听轻音乐，或者看一部非常无聊的肥皂剧，提前营造困意。

自我训练

你是否总是觉得自己的时间不够用，每天忙忙叨叨，几乎没有休息，然而依旧感觉时间不够用？如果你总是困惑为何不能很好地安排作息时间，这时你就需要设计一张每周作息时间表。

每周作息时间表									
安排	星期一	星期二	星期三	星期四	星期五	星期六	星期日	时间	未完成原因
								6:30	
								6:50	
								7:30	
								7:50	
								9:00	
								10:30	
								12:00	
								12:30	
								13:30	
								18:30	
								19:30	
								20:00	
								20:30	
								21:00	
								22:00	
								22:30	
备注	做到打（√），没做到打（×）。								

为了进一步提升效率，我们还可以制作一张高效版作息时间表，督促自己高效完成任务。

高效版作息时间表		
时间	未完成项目	防拖延举措
星期一		
星期二		
星期三		
星期四		
星期五		
星期六		
星期日		

2. 突破心理舒适区，抵达最佳表现区

曾经听过一则这样的报道：在一所居民楼里发生了煤气爆炸，然后引发了火灾，火灾发生在四层，一位刚毕业的大学生选择了从窗户中跳下来，而另一位年过八旬的老奶奶则十分冷静地扶着楼梯，自己走了下来。最终的结果是老奶奶幸运地逃过一劫，而大学生则不幸摔死了。按照常理讲，大学生要比老奶奶脑子灵活，但是大学生却被自己压垮了，从而采取了不理智的行为，而老奶奶说自己经历过很多生死考验，所以当知道着火后，非常冷静和坦然。

很多时候，我们并不是没有能力去解决一些事情，而是心理状态和思维方式影响了我们，促使我们无法达到预期的效果，限制了自身的行动。当然，在生活中，我们习惯做自己熟悉的事情，喜欢用熟悉的方式来解决一些问题，甚至习惯了走相同的道路回家。这种熟悉运行法则能够让我们感觉到安全和可靠，但也是这种舒适感让我们失去了思维的活跃，从而画地为牢。

那么，什么是心理舒适区呢？这是指人们习惯的一种心理模

式，这种模式让你感到熟悉、轻松、没有挑战性，如果超出了这种模式，就会让人感觉到不安全、焦虑，甚至是恐慌。

心理学家经过研究发现，当一个人给自己制定了较高的目标，跳出了原本的舒适区时，他很容易产生焦虑，从而产生应激反应。如果能够突破自我，克服内心的焦虑，便能够建立新的舒适区，这个新建立的舒适区就被称之为最佳表现区。

或许你会问，既然我一直生活在舒适区，为何要跳出来呢？更何况跳出来还要承受痛苦和焦虑。事实上，我们认为的固守的舒适区，并不是真正的舒适区，而是因为我们已经习惯了这种苦。比如，乞丐习惯了翻找垃圾箱、睡马路，这并不是舒服的事情，而是一种糟糕的状态，但是他已经习惯了这种苦痛，认为睡马路是理所当然的，去垃圾箱找食物吃也是应该的事情。因此，一个敢于跳出舒适区，用行动来改变自己状态的人，才能够抵达最佳的表现区。

你或许不认为自己身处舒适区，但是你可以问问自己，现在的生活和状态是不是自己想要的，如果你对现在的状态不满意，那么不妨制定一张舒适区现状表，这样就能更好地看清自己目前的状态。

舒适区现状表		
序号	舒适状态	消耗时间
1	每天打游戏	2小时
2	上班时间发呆、闲聊	1小时

续表

舒适区现状表		
序号	舒适状态	消耗时间
3	每天玩儿手机	2小时
合计		5小时

通过这张表你会发现，仅仅3件事，你就耗费了5个小时，而这些时间完全是可以利用起来的。如果你渴望自我突破，变得更好，你需要逃离舒适区，进一步接近最佳表现区。你需要改变目前舒适的状态，这就需要设定相应的最佳表现目标。

最佳表现计划表		
逃离计划	时间分配	最佳表现区
减少打游戏时间，改为锻炼身体	1小时游戏时间 1小时健身时间	逐步戒掉电子游戏，养成健身的习惯
上班时间发呆、闲聊，改为学习新的技能	1小时学习时间	随着掌握更多的技能，跳槽到更高的职位
每天玩儿手机改为读书社交	1小时读书 1小时社交	通过读书学习到更多知识，通过社交积累更多人脉

自律技巧

1.可视化预期结果

当结果能够预期时，我们做起事来才会有动力。例如你想换一部最新的iPhone，你就要经常去实体店感受，想象自己使用新手机带来的心理满足感。通过可视化预期结果，增加自己改变的强烈欲望，从而逼自己行动起来。

2. 不给自己留后路

很多人难以自我突破的原因，就在于选择太多，后路太多。例如有些人经常裸辞，因为可以吃房租，所以不怕，越是这样想，就越容易拖延。如果你真想改变，就必须狠一点，切断自己的后路。

自我训练

你现在是否已经陷入了舒适区不愿意跳出来？如果你也不清楚自己是否陷入了舒适区，不妨自测一下吧。

1. 你对现在的收入很不满，但是也懒得换工作。

2. 你每天都会花费很多时间在玩儿手机、看小视频上，导致自己精力不足。

3. 你现在经常向朋友抱怨无聊和生活的无趣。

4. 你不知道自己未来的目标是什么，甚至不知道自己工作的意义是什么。

5. 对于生活，你没有主见，只是单纯按照别人的规划来生活。

如果你对于以上5个问题，回答都是肯定的，那么你已经生活在了舒适区，需要进行自我突破，这也证明你可能正在拖延和浪费自己的时间。因此，你不妨为自己建立舒适区现状表让自己清晰地认识到究竟有哪些事情是需要改变的。

舒适区现状表		
序号	舒适状态	消耗时间
1		
2		
3		
4		
5		

对照舒适区现状表，再建立最佳表现计划表，设定你想要达到的目标，自我突破，从而达到最佳表现区。

最佳表现计划表		
逃离计划	时间分配	最佳表现区

3.行为阶段转化模型：跳出舒适区的6个必经阶段

1982年，心理学家经过研究，创建了“阶段变化理论”，这一理论表明行为的改变需要经过六个阶段。当一个人的行为发生改变时，他需要跳出舒适区，而这六个必经阶段也是舒适区行为转化的必经阶段。

我们先对这六个阶段进行分析：

阶段一：无行为改变打算阶段

在这个阶段里，人们意识到某种行为的健康危害，但是因为某种原因，没有要改变这种行为的想法；也许一个人根本没有意识到这种行为对健康的危害，所以根本不可能要改变这种行为。

比如，当一个人吃了太多麻辣的食物，脸上长了痘痘，他可能意识到脸上长痘痘和饮食有关，但是出于习惯，他根本不会去主动改变这种行为。

阶段二：打算改变阶段

这个阶段是不但意识到某些行为问题的出现，也很清楚改变行为所带来的好处，但是也很清楚要改变现在的这种行为要付出一定的代价，因此，在这一阶段，干预对象已经产生了要改变行为的思想，并且开始思考改变与不改变之间的利害关系，以此寻求平衡。但不久，干预对象就会进入下一阶段的思考。

比如，当一个人意识到自己脸上长痘痘和饮食有关系，此时，他知道要想不长痘痘，就要管住嘴，不吃麻辣的食物。他开始考虑是要漂亮还是要口欲的享受。

阶段三：准备改变阶段

在这个阶段，人们已经意识到某些行为的不利影响，也看到了改变现状的重要性。此时有的人开始为改变现状做准备工作，在这个阶段，人们已经完全放弃了不改变这种行为的思想，而是想要更快更好地改变现状。

比如，当一个人意识到长时间吃麻辣食物不但容易脸上长痘痘，还可能会上火、嗓子疼，甚至会刺激肠胃。他决定购买食谱书籍来做其他清淡且有助于养生的美味菜肴。此时，他已经下定决心要戒掉麻辣食物。

阶段四：行动阶段

在意识到某些行为的不利影响后，再加上为改变这种行为做了一定的准备工作，人们开始付诸行动，开始进行行动干预。而行为改变的这个阶段需要较长的时间，并不是一天两天就可以改变的。

比如，一个人意识到吃麻辣食物的不利影响，他开始制作美味的清淡菜肴，决定不再吃麻辣菜品，从而改善脸上的痘痘。但这绝对不是一两天能够改变的，需要付出一个月或者更长时间的行动。

阶段五：保持阶段

在这个阶段，人们已经在做改变现状的行动，而这个阶段是需要长时间坚持的行为。在此阶段，需要人们不断增强改变行为的信心。

比如，一个人自己制作清淡饮食已经坚持了一周，他还需要坚持两个月时间，脸上的痘痘才能有所改善。

阶段六：终止阶段

一些成瘾性的行为可能会需要这个阶段，在这个阶段，人们建立了很高的自信心，从而克服了行为改变引起的不良情绪。经过这个阶段，它们就不会再复发。

比如，一个人吃辣上瘾，经过半年的戒辣，脸上的痘痘已经不再反复增长了，皮肤也变得好起来。此时，他会彻底终止吃辣的习惯。

通过对跳出舒适区六个必经阶段的了解，不难看出，行为改变模式需要经过一系列的心理发展阶段和行为行动阶段。因此，当我们真正意义上意识到自己某些行为的不妥，付诸准备与行动，才能够改变这种模式，避免拖延现象的发生。

首先你需要设计一张阶段转变行动表，我们以减肥这件事为例进行讲解。

阶段转变行动表	
六个阶段	**行为项**
无行为改变打算阶段	意识到自身体重超标，过于肥胖，影响健康状况
打算改变阶段	打算进行减肥，但是减肥不但要控制自己的饮食，还要加强锻炼。不让自己享受美食是一件困难的事情，而锻炼更是一件辛苦的事情
准备改变阶段	因为自己太胖，身体状况出现了问题。此时，自己决定进行减肥，便去健身房办了年卡
行动阶段	去健身房开始按照健身教练的建议，注意饮食和科学锻炼
保持阶段	在健身半个月之后，发现瘦了3斤，决定要坚持下去
终止阶段	在健身一年之后，自己减掉了30斤，瘦到了理想水平，此时已经不需要过分锻炼和节食，也不会再暴饮暴食

在制定了阶段转变行动表之后，你会发现在一件事情跳出舒适区之后，自己还有很多事情和行为需要改变，这时可以设计一张阶段转变行动汇总表，将你渴望改变的事项全部列出来，之后各个击破。

阶段转变行动汇总表	
转变行动项	预期结果
改变晚睡的习惯	每天晚上十点半之前入睡
戒掉抽烟的习惯	在半年之内，从每天抽一包烟到一天抽一根烟，再到彻底戒烟
改变叫外卖的习惯	在每个周末自己做饭
改变不爱吃蔬菜的习惯	每天逼迫自己吃一种蔬菜

自律技巧

1. 给自己一次犯错的机会

在很多时候，我们不敢跳出舒适区是因为我们害怕犯错。当你拥有一份中等收入的工作时，你发现自己在公司的发展空间已经不大，但是放弃眼前这份工作，又会害怕自己找不到更好的工作。此时，不妨给自己一次机会，冲到自己感兴趣的领域，或许这次的“犯错”会让你获得更多。

2. 尝试全新的爱好

培养一个自己还没有足够能力实现的新爱好，如你从小到大都没有接触过乐器，你可以尝试学习钢琴、吉他等乐器，这是你从来没有想过要发展的兴趣爱好，这样做的目的是尝试舒适区之外的新鲜感，从而刺激自己行动起来。

自我训练

你是一个敢于跳出舒适区的人吗？你了解自己的舒适区在哪些方面吗？如果你不知道自己要经过哪些阶段跳出舒适区，不妨通过制定阶段转变行动表和阶段转变行动汇总表来转变自己的行为模式，从而避免拖延现象的产生。

阶段转变行动表	
六个阶段	行为项
无行为改变打算阶段	
打算改变阶段	
准备改变阶段	
行动阶段	
保持阶段	
终止阶段	

阶段转变行动汇总表	
转变行动项	预期结果

4. 突围：快速走出舒适区

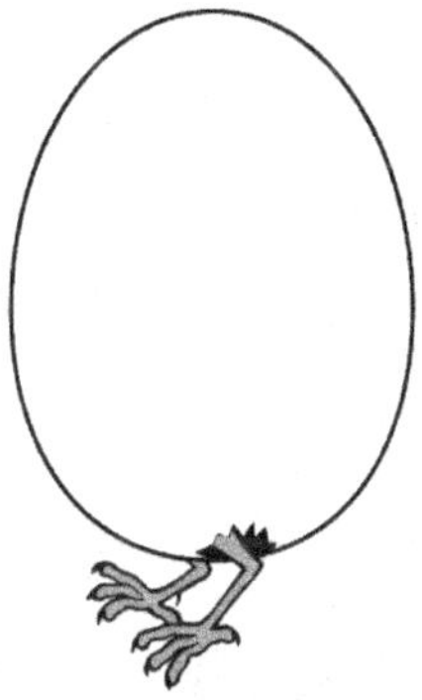

所有束缚你的，都将被打破

每个人都有自己的舒适区，很多人觉得沉浸在舒适区并没有什么不好，但是要真的下定决心走出舒适区，似乎并不是一件容易的事情。走出舒适区不仅需要勇气，更需要信心。一个人如果对自己所处的新环境或新状态不抱有信心，不相信自己可以适应，那么他无论如何是无法实现成功的。

对于舒适区的改变是有一定适应性的，如当我们刚买了一双新鞋，刚开始穿的时候有些夹脚，穿了两个星期之后就会感到很舒服。这就需要我们能够去适应，不同人的适应时间是不一样的。

我们需要适应新的环境，同时舒适区可变大也会缩小，这完全取决于人们的心理承受能力。当人们的自我改变、自我发展和自我超越能力强的时候，舒适区会相应变大。而当一个人的思想僵化、心理承受能力弱的时候，舒适区会缩小。

一个人想要快速走出舒适区，就需要给自己制订一定的训练计划，我们就拿减肥这项事情来讲。可能你下定决心减肥很简单，但是如果只是停留在口头上，那肯定是走不出舒适区的。此时，你可以给自己制订一个计划安排，即每天做多少个仰卧起坐、每天跑多少米、每天吃多少食物等。对自己有计划、有安排地进行训练，这样才能走出舒适区。

快速走出舒适区需要讲究方法，同时也需要自我加强锻炼。当然，并不是每个人都能够按照计划进行训练，这就需要你在设定计划的时候给自己设定一些督促的措施或者是找到督促自己完成计划的方法。

介绍一种自问法，通过自我提问的方式，明确自己需要解决的问题。

自问法：第一，我的目标是什么？

第二，我做的事情和目标是不是相反？

第三，这些相反的行为对我有什么好处吗？

第四，在完成目标的路上，我内心最害怕发生的事情是什么？

利用自问的方法，了解自己的内心世界，这样能够帮助你直面舒适区，撕破舒适区的假面具，为自我突破找到合适的方法。

接下来需要设置一张舒适区突围训练表，让自己按照计划，有的放矢地进行锻炼。

舒适区突围训练表		
舒适区	**训练举措**	**预期结果**
熬夜玩儿手机	手机设定每晚十点半定时关机	十点半能够关灯入睡
每天喝6杯咖啡	用果汁代替咖啡，每天早起只喝一杯咖啡	每天只喝一次咖啡，其他时间顺利过渡为果汁和水
每天饭后直接躺下，不进行锻炼	自我奖励法，每天饭后慢走半个小时，之后可以喝一杯自己喜欢的果汁	肚子上的赘肉不见了

接下来，我们还可以进一步挑战自我，设计一张自我挑战项目表。

自我挑战项目表	
挑战项目	**挑战结果**
下班后每天一小时阅读，丰富知识面	一个月读完一本自己喜欢的书籍
每天早起晨跑半小时	整个冬天没有感冒
每周周末去做公益活动	认识了很多朋友，同时让自己了解到更多的知识
每个月爬一次山	锻炼了自己的毅力和忍耐力

自律技巧

1. 自我摧毁法

在你意识到自己的舒适区之后，下一步就要去摧毁它。比如你每天早起都会赖床，明知道赖床对身体不好，但是早上还是不愿意起床。此时，你不妨学会摧毁这种习惯，为自己设定吵闹的闹钟，并将闹钟放置到距离自己很远的地方，这样你为了关闭闹钟，势必会起床。运用这种方法让自己跳出舒适区，需要你每天坚持，不能“心软”。

2. 自我奖励法，诱使自己走出舒适区

给自己许一个愿望，比如告诉自己，如果自己晚上可以早睡，早上起床后就可以喝一杯自己喜欢的奶茶，吃一块儿自己喜欢的蛋糕。如果自己每天能够坚持锻炼，锻炼之后允许自己买一个冰激凌等。

选择这种“小奖励”的方法来督促自己走出舒适区，不仅能够让自己感觉到欣喜，还能够让自己觉得走出舒适区并不是艰辛的和无趣的。

自我训练

你是否善于找到自己所处的舒适区？你是否是一个安于现状、

不愿意改变的人？为了能够快速找到并跳出自己的舒适区，不妨对自己进行相应的剖析。

1.对于目前的工作，你不喜欢，但是因为工作环境和流程相对熟悉，所以选择这份工作。

2.面对有挑战性的事情，你宁可放弃也不愿意去尝试。

3.在接受新的任务和工作时，你会处在焦虑状态，害怕自己会失败或犯错。

4.你知道自己所处的环境不利于自己的长远发展，但是却不知道如何去突破这种状态。

5.每天过的都觉得没有意思，不知道自己会面临怎样的环境和挑战。

6.羡慕那些敢于做极限运动、敢于进行自我挑战的人。

7.你意识到现有状态的不足，但是找不到合适的改变状态的办法，因此十分焦虑。

如果你经常出现以上7种现象，那么很抱歉，你已经陷入了自己的舒适区，并没有找到快速跳出舒适区的方法。因此，可以为自己制定以下两个表格，从而改变现有状态和环境。

舒适区突围训练表		
舒适区	训练举措	预期结果

续表

舒适区突围训练表		
舒适区	训练举措	预期结果

自我挑战项目表	
挑战项目	挑战结果

第六章

自我驱动：拖延症患者的自律计划

1.欲望驱动：利用欲望清单自我激励

欲望是人类生产、发展的一切动力。无论是在生活中，还是在工作中，一切的活动都可能是欲望驱动的。欲望可以激发人的生命活力，同时也能够驱动人类走向生活的深处。我们可以利用欲望的驱动力，设计一张欲望清单，从而更好地自我激励，这样就不会再被拖延困扰，而是追求更好的自己。

美国心理学家马斯洛将人类的需求定义为五个层次，这也是人的欲望的五个阶段：生理需求、安全需求、社交需求、尊重需求和自我实现需求。不同阶段的需求需要不同的方式来进行实现，不用怀疑，不同的需求都会促进我们去行动。

我们希望提升自己的办事效率，完全可以直视自己的欲望，通过欲望激励法来实现自己的目标。当然，你的欲望是需要真正发自内心的，只有这样才能够起到驱动行为的目的。不仅如此，不同层次的欲望会形成不同程度的驱动力，欲望越高，对人的情商、智商要求也就越高。因此，欲望便是一种向上的动力，推动人们向自己的目标和理想前进。

首先，我们需要设计一张欲望清单，将自己想完成的事情列出来，每当看到这些未完成的欲望时，就会从内心产生一种冲动，激发自己行动起来。

欲望清单	
序号	近期愿望
1	换一部最新的iPhone
2	在半年内实现加薪
3	年底换一辆SUV
4	拥有一套属于自己的房子

在列出欲望清单之后，你会发现自己内心最渴望的愿望，会逼着自己行动起来。需要注意的是，这份清单里面的事项一定是近期最渴望的愿望，或者是经常会导致自身强烈渴望的事情。

近期最渴望的愿望一般比较容易实现，例如你想换一部手机，这样的目标并不遥远，所以不会因为难度过大导致拖延；还有一种情况就是经常会导致自身强烈渴望的事情，例如买房子，虽然难度较大，短期内无法实现，但是每当你交房租或者被房东赶出来时，就会产生强烈的买房欲望，而且这种想法频繁出现，会持续激励你行动，这样的愿望同样可以列入表格。

接下来，你就要着手制订行动计划了，否则很多人的梦想最终都是一场泡影。

欲望激励行动表	
近期愿望	自我激励行动计划
换一部最新的iPhone	努力开拓客户，争取利用季度奖金实现换机计划
在半年内实现加薪	努力工作，用业绩说话，同时和领导、同事搞好关系，时机成熟时提出加薪请求
年底换一辆SUV	每月拿出5000元工资进行理财，作为购车专用资金
拥有一套属于自己的房子	每年至少存款5万元

自律技巧

1.综合分析法

哈佛大学的学生经常会说一句话："只有你想不到的，没有你做不到的。"这里所说的"想"指的就是一个人的欲望和愿望。当然，你要想实现自己的愿望和欲望，就必须要知道自己的欲望是否可行。

你需要多方面进行比较和分析，比如你想在职场晋升，必须考虑的因素有自己的能力、公司的人员配置、与领导的关系，等等。

通过综合分析，如果你所希望实现的愿望是可行的，那么你的欲望就会变成自我激励的一种举措；如果你的欲望是空泛的，甚至是不切合实际的，那么在开始行动之后，你会发现愿望很难达成，从而导致积极性下降，出现拖延现象。

2. 欲望控制法

当一个人没有欲望时，就会失去前进的动力，然而如果野心过大能力不足，同样会导致拖延。所以就需要控制自己的欲望，掌握好分寸。

曾经看到过一个故事：高个子男人和低个子男人是好朋友，在结婚之前两个人合伙做家具生意，两个人都是村里出了名的人物。

后来，两个男人都结了婚，有了孩子。高个子男人重男轻女，偏偏妻子给他生了两个女儿，自此之后，他觉得自己不用再努力赚钱和攒钱了，毕竟女儿长大了直接出嫁就好，也不用想着赚钱买房子给孩子娶媳妇的事情。从那之后，他开始喝酒、打牌，渐渐地家里变得贫穷起来。

另一个矮个子男人，妻子给他生了一个儿子，他开始没日没夜地工作，他想要等儿子长大之后在大城市里买一套别墅，他很拼，也赚了很多钱，但是因为赶上了全球金融危机，他赚的钱在一夜之间全打了水漂。最终，他因为受不了打击病倒了。

高个子男人在失去欲望之后，开始陷入舒适区，失去了动力；而矮个子男人则是欲望过大，没有掌握好分寸，最终也被自己的欲望所击倒。

自我训练

你是否有自己的愿望和理想？你的欲望是否能够激励你去行动？很多时候，我们要做的就是让自己在短时间内鼓励自己去行动，那么你不妨为自己制定一张欲望清单，了解自己究竟有哪些欲望，再通过欲望激励行动表来制订具体的行动计划，保证自己不拖延，尽量在短时间之内完成自己的欲望清单。

欲望清单	
序号	近期愿望
1	
2	
3	
4	
5	

欲望激励行动表	
近期愿望	自我激励行动计划

2. 早睡早起打卡表：早起的人从来都不会太差

不知道你有没有这样的感觉，非工作日的早上八九点醒来，然后洗漱、做早餐、吃饭，再看表已经10点多了，转眼一早上就过去了，想着做点什么，但发现没有整块时间，索性吃完午饭再说。结果饭后又开始犯困，迷瞪一会，一觉醒来下午也过去一多半了。

你是多么渴望过得更加自律啊，虽然你从不奢望见到凌晨4点的世界，但是也希望可以在5点钟开始新的一天，或者再晚点，6点。然而，你的闹钟永远叫不醒一个赖床的人，直到再不起床就迟到了，你才会迷迷瞪瞪开始混沌的一天。

很多企业家都有早睡早起的习惯，李嘉诚每天早上5:59准时起床，然后锻炼身体，再看新闻，他已经坚持了数十年；王健林每天早上4:00起床，锻炼身体，即便是需要出差，他也不会例外。

这样的例子数不胜数，而这样的人往往比普通人优秀得多，他们完全有资本多睡一会，然而正是因为自律的生活态度，才让他们成为更优秀的自己。

你或许认为早睡早起只是在于多睡了一两个小时，这无关紧要。其实，据英国的一项研究发现，早起学习大学生的成绩要比熬夜学习的孩子成绩更好。不仅如此，习惯熬夜的人更容易患上抑郁症。

早睡早起是一种非常好的习惯，坚持一段时间之后就会发现，你的大脑会更加清醒，精力更加充沛，学习或者工作的效率都会得到提升。

人生需要仪式感，为了养成早睡早起的习惯，你需要一张每周早睡早起打卡表，其中涉及每天早上起床之后要做的事项。

每周早睡早起打卡表							
日期	是否早起	是否健身	是否早餐	是否读书	是否护肤	是否早睡	备注
周一	√	√	√	√	×	√	
周二	√	√	√	√	√	√	
周三	√	√	√	×	√	√	周三加班
周四	√	√	√	√	×	√	周四太累了没起来
周五	√	√	√	√	√	√	
周六	√	√	√	√	√	√	
周日	√	√	√	√	√	√	

坚持打卡，养成习惯，对于意志力不足的人来说，还可以通过早睡早起奖惩表进行自我监督。

早睡早起奖惩表							
完成项	星期一	星期二	星期三	星期四	星期五	奖励	惩戒
是否早睡	√	√	√	√	√	周末看一场电影	
是否健身	√	√	×	√	√		周六上午半天为锻炼时间，慢跑1小时
是否早餐	√	√	√	√	√	周末奖励自己一顿大餐	
是否读书	√	×	√	√	√		周日不能出去逛街，在家读书一天

自律技巧

1. 连环闹钟

早起习惯的养成并不容易，设定连环闹钟是最基础的方法。你需要将闹钟或手机放在距离床远一点的地方，如果你不想起床，那就只能忍着。

2. 心理暗示法

这是一种比较新颖的方法，而且很有效。如果你很晚还没有睡觉，你可以利用心理暗示，提醒自己第二天有重要的会议，如果表现不佳很可能被领导批评；或者暗示自己第二天有一个重要的谈判，如果搞砸了就会损失一大笔奖金。

厌恶损失是人的本性，利用心理暗示的方法提醒自己，能够很好地养成早睡早起的习惯。

自我训练

你是一个容易晚睡熬夜的人吗？你是否幻想过自己也要像那些优秀的人一样早睡早起？如果你也想要早睡早起，不妨给自己制订一个计划，并坚持执行。当你放任自己不按照计划去执行的时候，你可以给自己制定一定的奖惩措施，逼迫自己早睡早起，保持充足的精力，实现高效工作。

每周早睡早起打卡表							
日期	是否早起	是否健身	是否早餐	是否读书	是否护肤	是否早睡	备注
周一							
周二							
周三							
周四							
周五							
周六							
周日							

早睡早起奖惩表							
完成项	星期一	星期二	星期三	星期四	星期五	奖励	惩戒
是否早睡							
是否健身							
是否早餐							
是否读书							

3.神奇番茄：合理安排工作与休息时间

日常工作和休息是我们必然会经历的事情，如果我们不能将工作与休息安排好，那肯定会导致两者不平衡，从而影响我们的办事效率。有些人总是抱怨自己没有时间休息，或者休息时间很少，理由是自己的工作太多，根本无法分身。其实，在很多时候，并不是我们的工作太多，而是我们没有合理地安排时间。

所谓合理安排工作与休息时间，指的就是在不影响休息的前提下，将工作安排得更合理。比如你每天都会工作到深夜，早起又要9点上班，那么你的睡眠时间肯定是不够的，势必会影响你一天的工作状态。白天上班你开始犯困，无精打采，根本没办法专注于工作，就会导致工作效率下降，最终当天的任务没有完成，又要加班熬夜工作，这样便形成了恶性循环，久而久之不但不利于工作效率的提高，反而给身体健康带来不良影响。

为了更加合理地安排工作与休息时间，就要知道自己每天都需要做什么，此时不妨将自己每天需要完成的工作进行罗列，然后逐一分析，合理规划时间和时间段，从而提升工作效率。

有些人在工作的时候总是无法认真投入，受到各种因素干扰，比如时常翻看手机，本来一个小时能够做完的工作却花费了两个小时。这样一来，增加了任务完成的时间，最终影响了工作效率。

为了解决工作无法投入的问题，最好的方法就是番茄工作法，我们会在自律技巧部分详细介绍。接下来我们先介绍一张番茄工作表，用来设定每日工作计划。

注：× 代表一个番茄钟，也就是25分钟。

番茄工作表（TO DO TODAY）			
今日待办事项 · 写一篇策划报告 · 参加视频会议 · 与合作伙伴商谈工作事项			
预计番茄钟	**具体事件**	**实际完成情况**	**突发事件**
×××	写一篇策划报告	实际花费4个番茄钟	接电话1次 微信回复数次
××	视频会议	按计划完成	
×××	与合作伙伴商谈工作事项	按计划完成	

这是一个简单的番茄工作表，你会清晰地看到今日待办事项花费了多少时间，其中撰写策划报告时由于多次受到打扰，所以没有在预期时间内完成，多花费了一个番茄钟，也就是25分钟。

为了进一步提升效率，你需要针对出现的问题进行改进，设计一张番茄工作法改进表。

番茄工作法改进表			
计划事项	预计时间	实际耗费时间	改进方法
写一篇策划报告	3个番茄钟	4个番茄钟	首先选择不忙的时间段，然后手机静音，专注于写作策划报告。非紧急情况，推掉突发事件
视频会议	2个番茄钟	按计划完成	
与合作伙伴商谈工作事项	3个番茄钟	按计划完成	

自律技巧

1.番茄工作法

对于时间的规划和安排，我们完全可以借助番茄工作法。什么是番茄工作法呢？其实，这是一种简单的时间管理方法。将一项任务的时间设定为25分钟，在这25分钟内，要专注做这项工作，中途不允许做其他任何与这项工作无关的事情，直到番茄时间结束，闹钟响起，然后再用5分钟的时间进行短暂的休息，这个时候可以在纸上画上一个×号。反复进行四个番茄时段，再进行一个长时间的休息时间安排。

运用番茄工作法来进行时间安排，可以看出其优点很多：

（1）能够减轻我们对时间的焦虑；

（2）能沟提升工作效率，集中注意力和精力；

（3）增强决策能力的同时，也有助于唤醒激励和进行持久激励；

（4）巩固达成目标的决心；

（5）能够改进事项完成的流程，强化决断力。

番茄工作法要求每天早晨要做好计划，分配为若干个番茄时钟，在番茄时钟之间，重新评估活动的优先级。这样一来，一天中若干个番茄时钟便能够按照事情的轻重缓急来进行安排，不但能够将小事做好，也能将大事做完。因此，番茄工作法能够有效地帮助我们进行工作时间和休息时间的合理安排，如果你希望通过这种方法来改善自己的工作状态，不妨为自己设定一些相关的表格。

2.番茄工作法原则

（1）每一个25分钟的番茄时间原则上不可分割，实际上可以灵活一点，自行调整，例如你只能在15分钟的时间内保持专注，那么就将番茄钟设定为15分钟；

（2）在一个番茄时间内，如果分心做一些与任务无关的事情，则表示该番茄时间作废；

（3）番茄工作法不适用于非工作时间，例如陪孩子玩耍、踢一场足球比赛，这些都没法运用番茄钟；

（4）不要用番茄数据相互比较，只和自己纵向比较，不要与别人横向比较；

（5）番茄的数量与任务成败没有直接关系；

（6）找到适合自己的作息时间表。

自我训练

你是一个善于将工作与休息合理安排的人吗？对于自己每天的工作，你是否有计划、有安排？你是否觉得每天的工作时间根本不够用，甚至还要一个人加班到很晚？

如果你有上述情况，或者经常会发生上述类似情况，那么不妨运用番茄工作法对自己的工作和生活进行合理的安排和分配，最终保证自己在有限的时间内完成工作，并不影响自己休息，达到身心健康。

番茄工作表（TO DO TODAY）
今日待办事项 1. 2. 3. 4. 5. 6.

预计番茄钟	具体事件	实际完成情况	突发事件

番茄工作法改进表			
计划事项	预计时间	实际耗费时间	改进方法

4.问题驱动：未完成问题的持续跟进

在生活中，是否见过这样的现象：

你计划上午写一篇文章，写着写着突然接到电话，领导让你改一篇稿子。此时，你放下自己写了一半的稿子，切换到另一项任务。完成之后已经中午了，吃了午饭想继续写自己剩下一半的稿子，结果完全没有了思路，你自我安慰道：反正这篇文章也不是急用的。

随后，这篇文章就这样被搁浅了。一周之后、半个月之后……甚至更长时间之后，你会发现这篇文章就这样搁置着，越来越没有完成的冲动了。

这种现象并不少见，我们可能会将没有完成的事情放置很久，其中大多数可能都不会完成了。对于没有完成的工作，是否能够及时跟进，决定了一个人的效率。因为在很多时候，没有完成的工作往往会拖累我们的进度。

假设你打算整理电脑桌面，却因为琐事耽误了，结果一直搁置。每一次，你都需要在铺满图标的电脑屏幕上找你需要的文件，有时候甚至需要数分钟时间，效率低下的人就是这样在无意识状态下拖延时间的。

解决问题的方法就是要靠未完成的问题进行驱动，因为你没有完成电脑桌面清理工作，结果每一次都会花费更多时间找资料，这就是问题所在，你必须持续跟进直到解决为止。为此，你需要设计一张未完成问题跟进计划表。

未完成问题跟进计划表		
序号	未完成问题及其影响	跟进计划
1	电脑桌面清理未完成，导致找资料花费更多时间	周一下班之前完成清理桌面的任务
2	没时间面试，导致行政助理职位空缺，影响行政工作	周一下班之前筛选简历 周二至周五分别安排一个人面试

在列出未完成问题及其影响之后，你会意识到问题的严重性，利用问题进行驱动，你就会有解决问题的意愿。

接下来，你还需要一张未完成问题执行表，目的是随时了解问题执行进度。

未完成问题执行表			
序号	跟进计划	问题执行进度	最迟完成时间
1	周一下班之前完成清理桌面的任务	1 小时完成桌面整理	本周二

续表

未完成问题执行表			
序号	跟进计划	问题执行进度	最迟完成时间
2	周一下班之前筛选简历周二至周五分别安排一个人面试	周一太忙没时间筛选简历，改为周二筛选简历	下周五

自律技巧

1. 木桶效应最小化

什么是木桶效应？木桶效应指的是影响装水总量的最终决定因素是木桶中最短的那一块木板。如果我们将工作进度比作水，而影响装水总量的那个因素便是我们所遇到的问题。因此，我们要完成未完成的工作，就需要争取将木桶效应最小化，同时将资源进行最大化开发，从而提升资源利用率。

2. 优化工作内容

很多时候随着工作的进展，你会发现有些任务是可以优化的。比如当你打算写一篇关于企业管理的文章时，你写了很多企业管理的理论，之后发现这些理论并不是自己想要阐述的重点，你想表达的核心内容是具体的实例。此时，你要敢于舍弃之前写好的内容，虽然是对之前工作的否定，却是一种合理的优化，能够更好地提升工作效率。

自我训练

在日常生活中，你是否经常会对未完成的工作视而不见？你未彻底完成的工作是否已经影响到了你的工作进度？如果你不清楚自己有哪些工作没有完成，不妨为自己制定一个未完成问题跟进计划表，让表格告诉你该做什么。

未完成问题跟进计划表		
序号	未完成问题及其影响	跟进计划
1		
2		
3		
4		
5		

未完成问题执行表			
序号	跟进计划	问题执行进度	最迟完成时间
1			
2			
3			
4			
5			

5.反馈记录：通过反馈实现自我激励

自律的人会对自己有一个清醒的认识，并能够时刻掌握自身的办事效率，确保在有限的时间内完成工作目标。很多人觉得自律非常困难，其实只要掌握了方法，就很容易提升自律性，其中就可以利用自我反馈的方法进行监督。

游戏、刷视频、做运动、阅读，这些同样都是我们的日常行为，可为什么做游戏和刷视频很容易形成习惯，而阅读书籍和做运动却很难坚持呢？

答案其实很简单，做游戏和刷视频会及时给我们反馈，而后者的反馈时间较长。就好比我们嗑瓜子会上瘾，因为我们每嗑一粒瓜子都能吃到一颗瓜子仁，这就是反馈。而如果让你先剥一斤瓜子再吃，那么很多人可能会直接放弃了。

无论是阅读还是运动，短期内都很难得到反馈，从人性的角度分析，人们更习惯得到即时反馈。结合这一天性，我们更容易养成习惯。以微信运动为例，每天晚上22:30都会反馈你一天的步数，当天就会得到反馈结果，这也促使更多人坚持下去。

不仅是生活习惯的养成需要反馈，对于工作来讲，更需要进行及时反馈，从而对自我进行正面激励。比如，你需要将自己设定的方案拿给客户看，客户看了之后提出了很多修改意见，但是客户还是很满意你这次的方案思路。因此，你完全可以告诉自己，虽然客户提出了修改意见，但是他也肯定了方案思路。这样一来，自己修改方案也变得更加有动力了。

我们完全可以通过反馈记录的方式进行自我激励，提升行动力，在这里介绍一张自律行为反馈表，通过这张表格，将你想要变得更加自律的方面列出来，同时记录反馈效果。

自律行为反馈表		
序号	自律行为	反馈记录
1	每天坚持吃早餐	工作精力充沛，思路清晰
2	每天坚持走路	微信记录查看步数、排名
3	每天少抽半包烟	省下的钱全部用来买书

在建立自律行为的初期，即时反馈是很重要的，更容易坚持下去。需要注意的是，即时反馈只适用于初学者，如果想长期坚持下去，不能简单靠即时反馈这种上瘾机制。要采用一种深度联想的方法，想象更长一段时间之后的结果。

自律行为深度联想表		
自律行为	短期反馈	深度联想（长期反馈）
每天坚持吃早餐	工作精力充沛，思路清晰	联想自己记忆力提升，更加专注于工作，从而提高工作效率的场景，甚至因此升职加薪
每天坚持走路	微信记录查看步数、排名	体能充沛，之前工作半天体力、脑力就跟不上了，现在的体能可以支撑更长时间的高强度工作
每天少抽半包烟	省下的钱全部用来买书	身体状况好了，高强度运动持续时间更长。关键是每周都能省下100元用来买书，学到了更多知识

所谓深度联想的方法，实际上就是一种长期反馈机制，通过对更远的将来进行联想，想象自己在未来将会得到什么，达到怎样的状态，从而鼓励自己坚持下去，战胜拖延。

自律技巧

1.用心感受“好习惯”带来的好处

这个方法需要分两步进行，第一步是想象某项行为带来的好处，第二步是在坚持一段时间之后，列出实际效果进行更深一步的体会。

举例来讲，我们如果想要让自己养成跑步的好习惯，那么不妨先了解跑步有何益处，并写在纸上：

● 减肥塑身；

● 增强肠胃蠕动；

● 改善肩颈劳损；

● 增强骨骼健康；

● 增强心肺功能；

● 放松心情缓解压力；

● 加快新陈代谢。

在你每次跑步的时候，用心体会你列出来的这些好处，以此强化自己的跑步行为。当你坚持跑步一段时间之后，再将真实感受写到纸上：

● 减肥塑身：每次跑步都会出汗，从而减掉了5斤赘肉，而且小腿肌肉也变得紧致；

● 增强肠胃蠕动：每天定时排便，摆脱便秘情况；

● 改善肩颈劳损：去做按摩，技师说我肩膀终于不硬了；

● 增强骨骼健康：暂时还没有感受；

● 增强心肺功能：爬5层楼也不会觉得呼吸困难、呼吸急促了；

● 放松心情缓解压力：每次跑完步去上班，都会觉得精神状态很好；

● 加快新陈代谢：暂时还没有具体感受。

经过记录一段时间的真实感受，我们可以更清晰地看到成果，从而加强跑步的意愿，更容易坚持下去。

2. 进行联想，将坚持的行为与其他技能和习惯进行联想

我们还以跑步为例子：

减肥塑身：每次跑步都会出汗，从而减掉了5斤赘肉，而且小腿肌肉也变得紧致。

联想：将跑步的优点与我们上台进行述职演讲联系起来，上台之后自己的形体更加完美，内心更加自信，展现在领导和同事面前的形象也更加完美。

增强心肺功能：爬5层楼也不会觉得呼吸困难、呼吸急促了。

联想：自己说话的时候声音更加有力度，在与人交谈的时候，声音更加圆润，更具感染力。

通过联想的方法增强反馈力度，从而让我们更加认可这种行为，从而更容易坚持下去。

自我训练

你是否是一个自律的人？在生活或工作中，是否能够让自己在有限的时间里完成自己的工作？你不妨进行以下自测。

1. 定好的每天早起运动，没有坚持下去。

2. 每天都会占用下班时间，去加班完成工作。

3. 每天都觉得自己很累，根本不想计划新的工作。

4. 不知道自己早睡早起有什么意义，根本没有动力。

5. 不知道自己究竟需要改掉什么坏习惯，即便知道，也不会坚持。

如果你有以上5种现象，那么你自身的自律能力很差，需要给自己一定的反馈，激励自己，达到自律的目的。

自律行为反馈表		
序号	自律行为	反馈记录
1		
2		
3		
4		
5		

自律行为深度联想表		
自律行为	短期反馈	深度联想（长期反馈）

6. 健身计划：坚持运动的人都是自律到可怕的家伙

坚持运动的人，必须点赞

通过健身治疗懒癌，可以完美治愈拖延症。

你是否见过这样的人，他们自称是“懒癌晚期患者”：早上是被饿醒的，工作是因为没钱吃饭、没钱交房租，谈恋爱是被父母逼着相亲的，出门逛街是被闺女硬拽去的……

这样的人做什么事都习惯拖延，他们习惯把事情拖到最后一刻，比如再不出门就要迟到，再不喝水嗓子就快冒烟了……这样的人，在工作中从不主动，生活没有激情，每天都是浑浑噩噩的状态。

如果你不想成为这样的人，健身就是一种很好的改变方式。运动能够激活一个人的积极性，提高神经系统对人体活动的判断能力，并及时做出协调和调整，使人体适应内外环境的变化，从而保持机体对生命的反应能力。不仅如此，运动还能够促使疲惫的身体得到积极的休息和放松，从而使人更加专注地投入工作中。因此，热爱运动的人，通常时刻保持着充沛的精力，他们擅长通过活动来激发自己做事情的积极性，从而刺激大脑细胞，避免出现拖延的现象。

如果将世界上的人进行划分，可以分为爱运动的人和不爱运动的人。那么，爱运动的人和不爱运动的人有哪些差别呢？

我们不妨通过下面这个表格进行对比。

健身人	懒癌患者
作息时间更规律	作息时间没规律
有时间就健身	有时间就刷视频、玩游戏
吃蔬菜水果较多	吃垃圾食品、零食较多
爬楼根本不是问题	爬几层就会喘气
肺活量大	肺活量小
身材匀称	肥胖发福

这个表格是从身体状态进行对比的，从心理方面来讲，爱运动的人一般意志力较强，在面对苦难的时候，他们表现得更为乐观，战胜困难的概率也更大。

如果你打算摆脱拖延症的困扰，可以设计一张健身计划表，最开始不要着急，选择自己喜欢的运动项目培养兴趣，并逐渐上量。

健身计划表				
日期	部位	项目	组数/次数	预期效果
周一	肩部	推举	5组/15次	锻炼肩部肌力，改善肩部功能
周二	背部	俯身双臂划船	5组/15次	强化背阔肌
周三	背部	俯身单臂划船	5组/15次	强化背阔肌
周四	胸部	平卧推举	4组/12次	锻炼胸大肌、三角肌和肱三头肌
周五	腹部	仰卧起坐	3组/15次	锻炼腹部肌肉
周六	腹部	仰卧举腿	3组/15次	锻炼腹部肌肉

很多人的健身计划都设计得十分完美，然而根本坚持不下来，这就需要以每周为单位，设计一张每周健身计划反馈表。

每周健身计划反馈表				
日期	项目	组数/次数	完成情况	未完成原因
周一	推举	5组/15次	顺利完成	
周二	俯身双臂划船	5组/15次	顺利完成	
周三	俯身单臂划船	5组/15次	顺利完成	
周四	平卧推举	4组/12次	顺利完成	
周五	仰卧起坐	3组/15次	只能完成1组	肚子太大，实在做不了这个项目
周六	仰卧举腿	3组/15次	只能完成1组	肚子太大，实在做不了这个项目

根据实际完成情况，每周修订，然后整理出一个有规律的表格，并持续坚持下去。等到一段时间之后，当你可以轻松完成训练项目之后，再进行适当加量，或者增加新的锻炼项目。

自律技巧

1.开启习惯的阀门，而不是动用意志力

如果强迫自己去进行健身运动，那么可能坚持不了几天便会停止。如果将健身运动养成一种习惯，那么便很容易坚持下去。

坚持运动最重要的一点就是保持节奏，不要将“忙”“累”当作借口，忙的话可以缩短运动时间，累的话可以换个比较轻松的运动项目。总之，健身锻炼是一个长远的事情，并不是一个短期的任务。

2.不要给自己太高的期望，开始就好

很多人在还没有健身之前，便就开始考虑，“我能拥有健硕的肌肉吗？”“我可以练出八块儿肌肉吗？”等。很多时候拖延症背后的真相便是“畏难情绪”在作怪，即我们给自己设定的期望值太高，从而害怕达不到自己的期望值，最终则选择放弃。比如，有的人开设了公众号，希望能够写出惊人的文章，吸引10万加的阅读量，因此，他消耗大量的精力在思索自己要写什么才能产出爆款文章，最后发现太难了，公众号文章只有几十的点击量，于是放弃了。

期望越大，失望越大，为了开始行动，我们应该降低期望，这才是真正的自律技巧。

自我训练

你是一个热爱运动的人吗？不妨通过下面的数据进行自测。

1.每周运动时间不超过5小时。

2.每天固定的运动时间不超过30分钟。

3.一周没有进行过一次晨跑。

4.办了健身卡，但是每个月去健身房的次数不超过3次。

如果你的运动数据符合上述几个条件，那么你的锻炼时间很少，平时运动的也少。为了避免自己患上“懒癌”，你不妨为自己设定周健身计划，根据每周的具体情况，来安排每天的健身内容和时长。

健身计划表				
日期	部位	项目	组数/次数	预期效果
周一				
周二				
周三				
周四				
周五				
周六				
周日				

每周健身计划反馈表				
日期	项目	组数/次数	完成情况	未完成原因
周一				
周二				
周三				
周四				
周五				
周六				
周日				

第七章

“杀死”拖延症的高效学习、工作与生活方法

1. 效率低下的时候试试改变环境

我在工作的时候，经常受到别人的影响，因此，常常需要加班加点才能完成工作；

我工作的环境太嘈杂了，根本无法静下来去做事；

我的座位太高了，打起字来太难受了，所以写东西很慢；

……

你是否也这样抱怨过？如果经常出现上述问题，说明你的专注能力比较差，然而这一节我们要介绍一种更简单快速的方法，就是改变环境。毕竟，专注力不是短时间可以培养出来的，而环境的转换似乎相对容易。

在嘈杂环境下想要安静地写作并不容易，需要很强的定力，排除干扰，专注于创作。这是很难的，需要长期练习，有没有更简单的方法呢？

换一个安静的环境！

如果你正在做一件需要认真思考的工作，而办公室的环境嘈杂，这时你不妨找一间无人的会议室，效率自然会得到提升。

相对于培养专注力，转换环境更简单有效，但有时候条件不允许，这时就需要自己动手改善环境。例如办公室很乱，堆满了乱七八糟的东西，看着心里就烦躁，然而其他同事似乎并不受影响。这时你就需要自己动手，将办公室收拾一下，打造为理想的状态。

当你所处的环境无法使你静下心学习工作时，当你所处的环境已经影响你继续行动的意愿时，这时你需要一张干扰源分析表，将你能想到的干扰源都列出来。

干扰源分析表	
需要完成事项	**干扰源**
完成展馆设计方案的初稿	同事正在商讨关于新项目设计的问题，声音较大，影响自己全身心投入工作
收听关于设计方面的课程	孩子在家比较吵闹，声音较大
写一篇文案	短信、微信、App的消息提醒经常打断思路

找到无法集中精力的事项，然后再设计一张环境效率优化表，找出具体的环境优化方案。

环境效率优化表		
需要完成事项	**干扰源**	**环境优化方案**
完成展馆设计方案的初稿	同事正在商讨关于新项目设计的问题，声音较大，影响自己全身心投入工作	拿上笔记本去小会议室进行工作。如果小会议室被占用，可以去无人咖啡间进行工作

续表

环境效率优化表		
需要完成事项	干扰源	环境优化方案
收听关于设计方面的课程	孩子在家比较吵闹，声音较大	让孩子去房间玩儿，或者自己去书房听课
写一篇文案	短信、微信、App的消息提醒经常打断思路	关闭App通知，手机静音

通过罗列环境的干扰源以及寻找优化干扰的办法，我们可以打造出一个相对安静的环境，从而辅助自己更加专注地学习与工作。

自律技巧

1. 整理与收纳

如果条件允许，可以给自己设定两个工作区域，将每天所需的工作物品摆放在主要工作区域，每周或者是每个月只用一次的物件放在次要工作区域。比如书籍、打印机、订书机等放在次要工作区域，当天需要的资料放在主要工作区域。

2. 归位放置

每件物品都应该有它的固定位置，每次用完之后，都应该放回原来的位置，听起来很简单，但是很多人要么忘了，要么懒得做，结果无形中造成了拖延，自己还意识不到原因。这就需要养成习惯，给每一件常用的东西归位放置，养成习惯之后，本能地就会找到，非常省时。

自我训练

你是一个容易被环境左右的人吗？测一测便知。

1. 周围有人说话，你会因为自然而然地听别人说话，而忘记自己要做的事情。

2. 当别人听音乐的时候，你的心也会跟随音乐声而飞，忘记自己正在写方案。

3. 当你看到三五个同事交谈甚欢时，你再忙，也会放下工作，加入他们。

4. 别人请求你帮忙，不管是否忙，你都会放下自己的工作，去帮助别人。

5. 你很容易被桌子上的照片、鲜花等物品吸引注意力。

6. 定好的1个小时的学习计划，你却会花费2个小时进行。

对于以上6个问题，如果你经常会出现上述现象，那么你可能是一个专注力较弱的人，并且在生活和工作中，很容易被外界环境所干扰，从而导致你的办事效率低下。因此，你不妨给自己制定一个干扰源分析表，了解究竟是什么因素干扰了自己。与此同时，也可以再制定一个环境效率优化表，找到优化环境效率的方案，进而实现专注工作，避免拖延现象的产生。

干扰源分析表	
需要完成事项	干扰源

环境效率优化表		
需要完成事项	干扰源	环境优化方案

2. App真好玩，但它救不了你的拖延症

看微博的时候，看到一条这样的热搜：中国人均App数量增长至56款。乍一看这个数字有些令人惊讶，心想每个人会用到这么多App吗？仔细一想，这个数字也是很合理的，在这个信息化时代，App增长似乎是一件板上钉钉的事。你只要去看周围的人，几乎所有人都在低头玩手机。然而，随着信息的爆炸式增长，我们的效率似乎并没有提高，反而降低了，而且伴随着严重的焦虑情绪。

你有没有计算过自己每天会看多少次手机？有没有算过每天在各类App上花费了多长时间？实际上，除了极个别高效能人士，大部分人都已经养成了有事没事看手机的习惯，每次看完手机之后重新投入工作，都需要再次集中精力，势必会浪费时间。

或许你会说所有的App对你来说都是有用的，实际上经常用到的就那么几个，很多App一个月甚至几个月都不一定打开一次。为了拯救你的低效率，改变拖延行为，必须要狠心卸载一些App，每一类只留下最常用的，其他统统断舍离。

如果你下载的App太多，那么你首先需要一张App整理表，将App分门别类归纳出来。

手机App整理表				
类别	App			
视频播放	腾讯视频	抖音	快手	爱奇艺
拍摄美化	美颜相机	美图秀秀	天天P图	快影
社交通信	小红书	微信	QQ	知乎
音乐电台	喜马拉雅	酷狗音乐	全民K歌	铃声多多
实用工具	百度	搜狗输入法	万能钥匙	迅雷
便捷生活	美团	智联招聘	贝壳找房	易车
网上购物	阿里巴巴	拼多多	京东商城	闲鱼
金融理财	招商银行	京东金融	随手记	支付宝
新闻阅读	今日头条	腾讯新闻	趣头条	书旗免费小说
生活娱乐	最右	得物	开心图图乐	录屏大师

将同类的软件放到一起进行整理，你会发现自己装了很多相同性质的App。这时就可以根据需求进行筛选，设计一张手机App卸载表，在这张表格里面，低利用率的App都是可以卸载的，高利用率的App则保留，备注一栏可以用来记录卸载原因：

手机App卸载表			
种类	低利用率	高利用率	备注
视频播放	腾讯视频 快手	爱奇艺 抖音	

续表

手机App卸载表			
种类	低利用率	高利用率	备注
拍摄美化	快影 天天P图	美颜相机 美图秀秀	
社交通信	小红书 QQ	知乎 微信	
音乐电台	铃声多多 酷狗音乐	全民K歌 喜马拉雅	
实用工具	迅雷 万能钥匙	百度 搜狗输入法	
便捷生活	易车 贝壳找房	美团 智联招聘	
网上购物	阿里巴巴 闲鱼	京东商城 拼多多	
金融理财	招商银行 随手记	支付宝 京东金融	
新闻阅读	腾讯新闻 趣头条	书旗免费小说 今日头条	
生活娱乐	最右 得物	录屏大师 开心图图乐	

自律技巧

1. 同类App只保留一个

比如微视频观看App，你要做的就是剩下一个自己觉得有价值的、经常试用的，将其他的都统统卸载。

2.保留多功能App，卸载单一功能软件

比如某个App具有生活缴费功能，又能够完成支付、存款功能，而另外一个软件则只有支付功能，那么我们肯定会选择保留前者，而不是保留后者。

自我训练

你知道自己手机里一共有多少个App吗？你对自己的手机进行过清理和软件归类吗？很多人不清楚自己手机里有哪些软件，只知道自己每天都会接收到很多条信息，不管是来自各个网站的还是来自微视频的，每次接收到信息之后，都会主动打开手机看一下，如果信息不是自己感兴趣的，你会顺便看一下自己感兴趣的软件，比如微信、邮箱。看看自己的微信究竟有多少信息，再看看邮箱有多少邮件。

一分一秒的时间就这样过去了，最终，你会发现自己根本没有做多少工作，自己的时间都被频繁查看手机App所占用了。

如果你正处于这样的状态，不妨给自己设定一个表格，清理一下自己手机中的软件，将利用率低的软件进行卸载，将利用率高的软件进行保留。

手机App整理表				
类别	App			
视频播放				
拍摄美化				
社交通信				
音乐电台				
实用工具				
便捷生活				
网上购物				
金融理财				
新闻阅读				
生活娱乐				

手机App卸载表					
种类	低利用率		高利用率		备注
视频播放					
拍摄美化					
社交通信					
音乐电台					
实用工具					
便捷生活					
网上购物					
金融理财					
新闻阅读					
生活娱乐					

3.8080原则：谷歌高效工作法

什么是8080原则？ Google的管理者认为，将80%的时间聚焦在能给个人或组织带来80%效益的工作上。这个原则的主旨讲的是做事情要分清楚重要和紧急，要事第一。那么什么是要事呢？

要事指的是对个人和工作很重要的部分，这些事情对个人的成长是十分关键的，而很多事情在当下看来可能并不是那么重要的。在工作中，每个人都应该找到自己最重要的那部分，在处理这部分工作的时候，需要认真对待。

在Google的时间管理培训课上，一名销售人员讲述了自己的亲身经历：他在销售的过程中，尽量去认真对待每一位顾客，维护好与每一位顾客的关系，但是他却没有完成第一季度的业绩指标。后来他进行反思，发现自己在开始的时候，并没有对客户进行分析和筛选，在他的意识中，他会花费同样的时间在所有客户身上。在第二个季度，他采用了8080原则，即确定了可以带来收益的80%的客户，然后再投入80%的时间和精力在这些客户身上。结果，他发现在第二个季度他的业绩是团队的第一名，并且超额完成了季度业绩目标。

或许你会觉得8080原则的确不错，但是我们要如何找到这两个80%的目标呢？你需要设计一张8080任务分析表，通过这张表，将重点工作进行摘取，并对重要任务进行分析。

8080任务分析表		
当日工作任务	重要任务	时间规划
产品发布会文案	√	撰写文案放在早晨思路最清晰的时间段9:30—11:00，预计用时90分钟
回复邮件		
与客户电话沟通	√	和客户沟通确认时间，这段时间不要安排其他事项，同时避免被干扰
小组会议		
整理文件		

自律技巧

1. 寻找工作中的80%

对于寻找重心工作，并不是仅仅考虑自己那部分的工作。很多时候，我们要做的就是根据团队和公司的战略目标来制定自己的工作重心，并根据这个来进行时间分配。

寻找自己工作中的重点，这关乎自己的工作是否有价值。比如团队的工作目标是开发新产品，而你将自己大部分时间放在推广旧产品上，自然就与公司目标不相符。在开始的时候，我们需要做的就是让自己在有限的时间内，抓住重点工作。因此，如果你将80%的时间放在开发新产品上，你会发现自己的既定目标与团队目标是一致的，这会让你成为高效的工作者。

2. 合理规划工作时间

要想处理好80%的重点工作，那么需要先对工作中80%的时间进行分配。你要如何规划自己的工作时间呢？

第一，可以采取头重脚轻模式。这种模式指的就是将重要的决策放在早上处理。经过一晚上的休息，我们的大脑得到了放松。早晨的大脑是相对比较清醒的，此时适合做一些重要工作。到了下午，开始犯困，思路不清晰，这时候则适合处理一些沟通类工作，或者相对简单的任务。

我们会发现，一些善于利用时间的人会在早晨上班的时候安排一些需要做决策的工作事项，比如签署下级提报的财务申请、制定与客户商谈的合同、拟订销售方案等。而在下午的时候，大脑可能会处于疲惫状态，此时，要做的就是选择一些比较轻松的工作，比如召开部门的周例会、检查活动方案等。

第二，免打扰模式。在处理重点工作的时候，我们经常会遇到一些干扰因素。比如来自手机的干扰，来自邮件的干扰，等等。此时，你要学会自我屏蔽这些干扰因素，保证自己在重要的时间段能够全身心地投入重点工作中。比如当你决定用上午半天的时间去完成一则方案时，你可以将自己的手机放置到另外一个房间，并将手机调成静音。这样做你会发现自己半天可以不看手机。手机中的垃圾信息也无法影响自己。

自我训练

你对于自己每天的工作内容是否做过分析？还是会将手头所有的工作都排着去做，根本不去考虑哪些工作是重点工作，哪些工作是次要工作？

1. 你要清楚地知道，自己每天什么时候是大脑最为清醒和逻辑清晰的时候。

2. 你要知道团队目标是什么。

3. 你要知道公司的规划任务是什么。

4. 你要清楚自己当天需要完成哪些紧急工作。

对于以上4个问题，你要清楚地知道答案。如果你不清楚自己当天的工作哪些是重点，那么你肯定无法进行时间安排。

8080任务分析表		
当日工作任务	重要任务	时间规划

续表

8080任务分析表		
当日工作任务	重要任务	时间规划

4.最优效率：用最好的状态去工作

一般来讲，工作时间为固定的8个小时，而实际情况要远远高于这个数字。要保持8个小时的持续高效工作几乎是很困难的，更不要说更长时间的高效率工作，能够实现6个小时的高效率工作就属于理想状态了。

我们要想让自己的工作变得高效，就需要进行优化。试想一下，工作中你是否经常会出现这样的状态：

进入办公室开始打算工作，打开电脑后，发现一堆信息、邮件要回复，此时你开始一条条地回复。

回复完毕后，你开始计划今天要做的事情。你的计划还没有完成，微信响了，你继续回复信息，过了一会儿又接了一个电话，再回过头来，大脑一片混乱。就这样，两个小时过去了，你开始焦虑，感觉什么都没做，今晚又要加班了。

这是很多人工作的状态，一天下来，真正高效率的工作时间其实非常少，可能都不到2个小时。为了实现最优效率，首先需要设计一张黄金时间表，这张表格的目的是找出适合自己的黄金时间段，也就是说在此期间，个人的工作状态是最好的。

黄金时间表		
时间段	个人状态	类别
7:00—8:00	刚起床，迷迷糊糊	非黄金时间段
8:30—10:30	思路清晰，精力充沛	属于工作黄金时间段
10:30—12:00	高效用脑之后的疲劳期，状态开始下降	非黄金时间段
12:00—13:30	饿，困，疲乏	休息黄金时间段
13:30—15:00	下午犯困，工作状态一般	非黄金时间段
15:00—17:30	临近下班，精力耗费较大	工作疲软时间段

通过这张表，可以看出个人在每一个阶段的状态，从而可以更加合理地安排工作事项。接下来需要设计一张最优效率工作表，根据黄金时间段与个人状态合理分配。

最优效率工作表		
最佳工作时间段	工作事项	个人状态
8:30—10:30	安排重要工作，尤其是需要做决策的事项	思路清晰，精力充沛，属于黄金时间段
10:30—12:00	做一些执行性的工作	高效用脑之后的疲劳期，状态开始下降
13:30—15:00	沟通性质的工作	下午犯困，适合沟通类工作，工作状态一般
15:00—17:30	召开会议、签署文件等工作	临近下班，精力耗费较大，工作疲软时间段

自律技巧

1. 找到自己的黄金时间

黄金时间究竟是什么？其实，可以从两个层面进行分析，首先，指的是自己精力旺盛的时间，我们在这段时间可以思考一些规划性的问题，当我们的精力不足时可以做沟通类的工作。每个人精力旺盛的时间段也是有所差别的，有的人在刚上班的时候精力比较旺盛，有的人在即将下班的时候精力很旺盛。其次，指的是不被打扰的时间，比如在什么时间段自己周围所处的环境很安静，没有人打扰你。最后，指的是工作状态最稳定的时间段。有的人在上午9点、10点的时候工作状态比较稳定，思想比较集中。而有些人可能会到下午4、5点钟，思维才会活跃起来，状态才会更加投入。

2. 优化工作策略

首先，需要将重复的工作内容进行提炼，做某种重复的工作时，直接用这种策略即可。其次，面对陌生的工作内容，可以先思考、再做准备、最后再进行工作。再次，将类似的事情和工作聚集起来，一起做。最后，屏蔽邮件和通信工具，或者是设置为不提醒的状态。

在了解了优化工作之后，我们要对现有的工作进行优化，找到自己的黄金时间，从而利用最佳的时间来做比较重要和困难的事情，最终提升工作效率，避免拖延现象的产生。

自我训练

在日常工作中，你是否保持了最优的工作状态？如果你不清楚自己是否保持了最好的工作状态，不妨回答以下几个问题。

1.你计划完成的工作，每天都能够很好地完成。

2.你上班之后从来不发呆，在需要决策的时候，总是能够做出正确的决策。

3.你总是在快要下班的时候，自己的工作都已经做完，很少加班。

4.你喜欢自己的工作，早上上班之后，几乎不会拖拖拉拉地去工作。

如果以上4个问题，你的答案都是肯定的，那么你一定是找到了自己的黄金工作时间。如果你的答案都是否定的，那么很遗憾，你需要优化效率，让自己保持良好的工作状态，从而让自己能够适应现在的工作。

黄金时间表		
时间段	个人状态	类别

续表

黄金时间表		
时间段	个人状态	类别

最优效率工作表		
最佳工作时间段	工作事项	个人状态

5.每日复盘：工作效率分析表

每当下班时间到来的时候，你是否思考过自己今天都做了些什么？工作的价值是什么？或许你的工作状态是这样的：

8:30上班，你打开电脑；

9:00，你还在看弹窗出来的新闻；

10:00，你去了趟卫生间，听了听同事的抱怨；

11:00，你开始考虑中午吃什么，是去食堂吃，还是订餐；

12:00，下班了；

13:30，中午没有午休，看手机看的眼睛很累，上班也没精神；

15:30，做了一个方案，但是觉得自己做得很差；

17:00，下班回家了。

一天的工作时间过去了，你似乎没做什么有价值的事情，但是又觉得很忙很累。这样的工作状态你是否经历过？

如果你有上述这种盲目工作的现象，那么不妨思考一下，自己为什么工作效率低下？对于高效人士来讲，对一天工作的复盘已经成为习惯。所谓复盘，就是让自己对当日的工作进行反思，了解自己都做了什么，自己做的工作有没有遗漏，有哪些事情自己出现了拖延现象。

复盘工作究竟有什么好处？不难想象，对当日工作进行复盘，不仅能够了解自己一天的工作状态，查漏补缺，还能让自己在第二天的工作中，避免出现前一天的问题。比如，你发现文案本来可以一个小时写完，因为中间回复了一条微信，看了一眼朋友圈，结果思路全无，导致耗时两个小时才完成。第二天，再次遇到同类工作时，可以给自己一定的心理暗示，提醒自己拒绝干扰，不要看手机。通过复盘，我们能够有效减少拖延现象。

接下来，介绍一张每日复盘表，首先列出一天的所有工作事项、期望达成的目标和实际结果。

每日复盘表			
序号	工作任务	预期目标	实际结果
1	查看回复邮件	30 分钟完成	花费了 60 分钟
2	翻译相关的文案	60 分钟完成	查阅资料占据了太多时间，两个小时才完成
3	与供货商沟通采购细节	60 分钟完成	由于很多条款不清晰，实际谈了两个小时，还没有最终敲定合同

通过每日复盘表，你可以清楚地看到自己当日工作都做了什么，哪项工作花费了多长时间，超出预期目标多长时间。之后，你

需要进一步优化，为下次遇到同样的问题设计弥补方法。

所以，你需要设计一张复盘后任务优化表。

复盘后任务优化表			
序号	**待优化任务**	**优化方法**	**实际结果**
1	查看回复邮件	回复重要邮件，而非每封必回	只用了10分钟
2	翻译相关的文案	提前查阅资料	60分钟完成
3	与供货商沟通采购细节	事先查阅条款、合同，以及提前考虑供货商可能提出的问题	60分钟完成

自律技巧

1.复盘关键四步

·回想。回想自己当初设定的目标和期望，了解工作应该达到的结果是什么。这样做能够让我们在工作中，始终不偏离工作重心。当自己的工作状态偏差，或者是工作出现偏差时，参照自己曾经制定的工作目标，便能够起到自我激励的作用，同时能够保证大方向是不变的。

·对照。对照自己设定的工作目标，然后研究自己现在工作的完成情况，从而进行结果的评估。当我们对照自己设定的工作目标时，就能明白自己的哪些工作是可以做的，哪些工作做得比较吃力不讨好。因此，这个过程就是对目标的追踪，从而让自己的工作更加流畅。

· 分析。仔细分析事情成功或者失败的关键原因是什么。在分析事物的过程中，每个人都希望自己能够更好地完成自己的工作。通过对失败原因的分析，更能了解自己在工作中的不足。同时，还能了解到自己是否浪费了时间，出现了拖延现象。

· 经验。总结工作经验，这包括对工作得失的体会，是否有规律性的东西值得我们去思考，下一步的行动计划是什么。当我们通过曾经的经验来了解自己的工作内容后，可以找到改变拖延的措施，同时调整资源，达到资源最大利用，这样自然就能高效地完成工作。

2. 小任务及时复盘，大任务阶段性复盘

对于简单的、并不耗费时间的小任务，可以做到及时复盘，这样更能加深印象；对于需要投入较大精力的任务，一般来说短期内不可能做完，这就需要分阶段进行复盘。首先，时间不能过久，否则就会忘记。其次，每一个阶段都要兼顾上一个阶段，起到强化记忆的作用。

自我训练

你有没有回顾工作的习惯？如果你不擅长对自己做过的事情进

行分析，那么不妨给自己制定一个每日复盘表，在当日工作结束之前，对自己当天做的工作进行总结和反思，从而找到自己在哪些工作方面出现了拖延。次日，自己可以避免出现同样的拖延事项。

每日复盘表			
序号	工作任务	预期目标	实际结果
1			
2			
3			
4			
5			

复盘后任务优化表			
序号	待优化任务	优化方法	实际结果
1			
2			
3			
4			
5			

6. 断舍离：高效生活靠整理

你的生活是杂乱无章的，还是整齐有序的？我们经常会像仓鼠一样，不停地整理、清理周边，最后又重新变成一片狼藉，这并非我们缺乏技能或者不够努力，而是因为思维和习惯出了问题。

你会将手里的东西乱放吗？在下次寻找的时候，你需要花费多长时间？如果你经常处在寻找物品的状态，那么你该对自己的生活空间进行整理了。

你的家中是否堆满了杂物？你的衣柜中是否存放着很多很久不穿的衣服，甚至自己这辈子都不会再穿的衣服？如果是这样，那么你该对家里的衣柜进行彻底清理了，该扔的扔掉，该进行分类的分分类。否则，你永远找不到自己要穿的那件衣服。

你还记得自己家中不用的水杯放在哪儿吗？你的鞋柜中的鞋子都是自己需要穿的吗？如果不是，你需要进行彻底清理，将破旧的东西扔掉，将需要的东西进行收纳。

如果你改不掉那些乱扔乱放的习惯，舍不得扔掉不穿的衣物，那么，你会发现自己要做任何一件事情，都需要先找好长时间的工具，等你找到了工具，才发现自己已经很累了，根本没有心思去做事情了。因此，你需要做的就是将那些导致你不能够按时完成事情的东西都进行舍弃，包括自己不良的生活习惯。

一位专业人员通过研究发现，每个人的生活都是遵循一定的轨迹的。这条轨迹是按照个人的生活习惯和爱好来展开的，当你的生活习惯是比较简单的、有规律的时候，你的生活轨迹也会变得简单和有章可循。反之，如果你的生活习惯比较杂乱，做起事情来总是丢三落四，那么你的生活轨迹便会十分混乱，就如同一团乱毛线一样，不但影响了你办事的效率，无形中也会为你制造很多障碍，甚至会延迟你的事项完成时间。

随着科技的发展，现在手机上很多软件都有对每天运动步数的统计，因此，很多人会说自己每天所走的路都会上万步，但是并没发现自己做了什么事情。

一位家庭主妇说自己每天都会走两万步，而自己的家庭面积只有80多平方米，自己也很少出去，只是在家里活动。她说自己也不清楚自己一天都做了什么，但是自己走了很多步，她甚至怀疑这个记步软件出了问题。后来这位家庭主妇发现自己每天早起光找梳子都需要在屋里转两圈，洗完脸再找毛巾，毛巾可能会被扔到了卧室。吃完饭她想要擦桌子，却发现擦桌布根本不在桌子上，她又开始寻找擦桌布。就这样，她每做一件事情，都需要先找一些东西，而这个寻找物品的过程让她耗时耗力。不仅如此，她想要出门买菜，想要穿一件心仪的衣服便更难了，她需要翻箱倒柜，至少找10分钟，才能找到自己想穿的衣服。

不难看出，当你的生活环境处在凌乱的状态时，你的办事效率自然会很低，而当你的生活环境变得井然有序时，你可以充分借助大脑记忆，很快锁定目标，瞬间找到自己需要的东西，从而缩短时间，避免延时现象出现。

我们要对生活进行断舍离，就需要从生活、工作等方面罗列清单，这样可以更加清晰地做出取舍。

生活断舍离清单		
物品断舍离	**习惯断舍离**	**交际断舍离**
破旧过时的鞋子、衣服	乱扔垃圾，家里桌子上乱扔水果皮	不与观念不同的人交往
多余的包装盒、快递箱	乱放物品，物品要归位	不与性格不同的人交往
腐烂的蔬菜、水果	乱扔衣物，沙发上乱放衣物	不与道德品质有问题的人进行联系
不用的废旧家具	餐后不刷碗，脏碗筷在池子里浸泡	不与价值观不符的人深交
多余的自行车、儿童床、儿童车	晚上玩手机到凌晨	不与充满负能量的人交流
孩子玩腻的玩具	不吃早饭	不再参加无意义的聚会
废旧手机、手表、箱包	乱买物品，买自己不需要的东西	不再参加车友会
不用的小家电	早上赖床，不做锻炼	不再参加不感兴趣的社团活动

工作断舍离清单	
工作状态断舍离	**工作目标断舍离**
改变抱怨的状态	改变多任务处理的习惯
舍弃安于现状、不思进取的状态	不接手没有意义的工作
改变只会执行、没有主见的状态	不定不切合实际的目标
改变半途而废、不懂坚持的状态	远期目标改为近期目标

自律技巧

1.断舍离

断：不要将自己或家人不需要的东西带进家中。即在购物的时候，对于不需要的东西可以不进行添置。比如商场对扫地机进行半价出售，而你的住宅面积只有60多平方米，根本就不需要扫地机，因此，再便宜再优惠的价格也不应该是你购买这款扫地机的原因。

舍：对物品进行筛选，舍弃多余的物品。家里破烂的、过时的、不用的物品，进行转赠或者卖掉，以此来缩小喜好范围，让自己所处的环境更加整洁。

离：目的是脱离对物品的执念。即了解自己的内心和习惯，最终达到心情愉快的目的。

很多人觉得自己家中的物品都是有用的，就连去买菜路上发的宣传纸也是有用的，于是，我们会发现这样的人的家里多半是杂物很多，大到破旧坏了的自行车，小到一个螺丝钉。这种舍不得进行断舍离来处理自己周围物品的人，多半是一个比较细致的人，同时，做事效率也不会太高。

当然，我们所说的断舍离，不仅仅指生活中的物品，还包括学习和生活中的一些东西和思维。比如学习中某个复杂的思维过程、工作中保存很久的失效文件等。只有将这些没有用的东西进行清理，才能够让自身处在整齐的状态中，做起事来才会更加顺畅，办事效率也才会更高。

2.聚焦核心生活目标

根据你的兴趣设定核心生活目标，例如你最大的愿望就是拥有一个空中花园，种上各种美丽的鲜花，那么围绕这个核心目标，对其他事项进行取舍。例如为了打造空中花园，你需要清理阳台，这时阳台的杂物就是“断舍离”的主要目标。

自我训练

你的生活、学习、工作是否处在混乱的状态？比如，你每天会花费很多时间寻找物品，你每天需要翻阅很多资料才能找到自己想要找的那个，你每天都会同时处理很多项工作任务。如果你处在这样的状态中，那么是时候利用断舍离的方法来精简自己的生活和工作，让自己处在最高效的状态中了。

生活断舍离清单		
物品断舍离	习惯断舍离	交际断舍离

工作断舍离清单	
工作状态断舍离	工作目标断舍离

附录：

终结拖延症的经典方法

1. 一万小时定律：指的是不管去做怎样的事情，只要能够坚持一万个小时，那么基本上就可以成为这个领域的专家了。比如，你想要成为一名画家，在认真学习绘画一万个小时之后，你的绘画技术可能会变得很好，但前提是自己要集中精神和精力去练习。

2. 八二法则：在保持积极的态度后，20%的事项产生80%的成果。换句话说，这20%的事情，便是你完成目标的事。人的精力是有限的，而我们要把握住20%的关键事项，从而写出自己的关键思想清单，坚持下去，成为一个积极做事情的人。

3. 321法则：让自己通过较高的生产率，产生更多的结果。比如，当你想要起身去做饭时，可以对自己说321，然后马上起身，去做饭。当你想要赖床，但是却要上班时，你不妨先对自己喊一遍321，然后迅速起床。

4.猴子法则：学会适当地拒绝，拒绝那些不是你本职工作，不是你擅长的工作。在生活中，也要学会拒绝。别人的事情占用了你太多的时间，自然会影响你的工作效率和办事效率。

5.授权原则：学会充分授权，将自己要做的事情写下来，然后找到合适的人去做，给对方一定的权利，让其完成事项。

6.瑞士奶酪法：由美国时间管理之父阿兰·拉金提出，指的是在一个大任务面前，使用见缝插针的方法，利用零碎时间，而不是等待整块长段时间的出现。之所以叫瑞士奶酪法，是因为瑞士奶酪疏松多孔，却不影响整体性。比如，要完成一个文案需要1个小时的时间，但是你吃完饭可以抽出半个小时，在开完会后还可以抽出半个小时，这样便有了1个小时去完成这个文案。

7.服务生效应：心理学家蔡格尼克通过一个有趣的调查发现，餐厅服务生对那些还没有将菜上全的菜单印象更深刻。当哪一桌客人的菜品上全了，服务生就会自动在脑海中将这一桌的菜单删除。这个效应告诉我们，对那些尚未完成的计划和任务，我们的印象更加深刻，对于那些已经完成的任务，我们很容易遗忘。

8.金字塔原理：这个原理就是以结果为导向的论述过程。运用到时间管理方面，就是以结果和目标为导向，反向思维的过程。这一原理能够让我们明确自己的目标，从而直达目标。

你的人生，还剩下多少时间?